Galopp

Renngalopp

Phase
1

2

3

4

5

6

BLV Verlagsgesellschaft
München Wien Zürich

albert brandl

modernes reiten

schritt · trab · galopp

fotos: jürgen kemmler

Zum Autor:

Albert Brandl wurde als Sohn eines Reitlehrers geboren. Mit 10 Jahren bekam er von
seinem Vater sein erstes Pferd und nahm
schon bald an größeren Vielseitigkeits-
prüfungen teil. Ab 1956 war er als Bereiter
und Reitlehrer an der Deutschen Reitschule in
Warendorf angestellt. Der vielseitig begabte
Reiter war nach Übernahme der Leitung der
Landes-Reit- und Fahrschule Rheinland, im
Jahre 1962, vorwiegend als Ausbilder tätig,
und unter seiner Leitung entwickelte sich die
Landes-Reitschule Rheinland zu einer der
besten Fachschulen. Mit viel Erfolg hat er auf
Turnieren in Military, Springen und Dressur
der Klasse S geritten und ist aufgrund seiner
Erfolge auch im Besitz des goldenen Reiterabzeichens. Alles, was Albert Brandl in
diesem Buch beschreibt, hat er sich also als
aktiver Reiter in der Praxis erarbeitet und
ebenso erfolgreich als Berufsreitlehrer an
seine Schüler weitergegeben. 1977 starb
Albert Brandl in Ausübung seines Berufes an
den Folgen eines Reitunfalles.

CIP-Kurztitelaufnahme der Deutschen
Bibliothek

Brandl, Albert
Modernes Reiten: Schritt, Trab, Galopp /
Albert Brandl. Fotos: Jürgen Kemmler. —
6., durchges. Aufl. — München; Wien;
Zürich: BLV Verlagsgesellschaft, 1982.
　　(blv sport)
　　ISBN 3-405-11604-X

6., durchgesehene Auflage

© 1977 BLV Verlagsgesellschaft mbH,
München 1982
Graphische Gestaltung: Hellmut Hoffmann
Titelbild: Jürgen Kemmler
Gesamtherstellung: Passavia Passau
Printed in Germany · ISBN 3-405-11604-X

Bildnachweis:

Alle Fotos blv Archiv sport
(Foto Jürgen Kemmler, München)
Außer: G. Deubzer S. 2/3 und
E. Schiele S. 138

Inhalt

Die Ausbildung des Reiters 8

Die Grundausbildung 9

Geländereiten 55

Springausbildung 66

Dressurausbildung 81

Die Ausbildung des Pferdes 108

Der Umgang mit dem jungen Pferd 109

Einführung

Reiten ist modern geworden. Im Zeitalter der Technik sucht der Mensch in seinen Mußestunden Anlehnung an Tiere, und gerade das Pferd ist hier für groß und klein, für jung und alt ein treuer Gefährte. Die Grundsätze des Reitens können nicht modernisiert werden. Ihre Entwicklung ist festgefügt und muß das Heranreifen, das Wachstum, das Temperament und die Veranlagung eines Pferdes immer berücksichtigen.

Neu ist die Ausdehnung, die der Pferdesport nunmehr angenommen hat. Die Ponyreiter, die Geländereiter und die Turnierreiter suchen in ihrer Verbindung zum Pferd auch Erfolg. Der schnelleren Ausbildung eines Pferdes sind sichtbare Grenzen gesetzt. Sie führt zu Schwierigkeiten, die auf längere Sicht die Freude am Reiten trüben. Theoretische Kenntnisse, Verständnis und körperliche Geschmeidigkeit des Reiters — eventuell unterstützt durch anderweitige Gymnastik — schaffen die Grundlage, ein guter Reiter zu werden. Richtiger Sitz, richtige Einwirkung und Gefühl sind der Grundstein zur persönlichen Entwicklung als Reiter.

Dieses Buch kann nicht alle Fragen der Reiterei umfassend behandeln. Es soll einem Anfänger die wichtigsten Punkte der Ausbildung entsprechend ihrer Bedeutung aufzeigen und ihm helfen, seine reiterlichen Kenntnisse zu festigen und zu vertiefen. Das gesunde Verhältnis zum Pferde- oder zum Leistungssport ist für die Entwicklung des Pferdes und der Persönlichkeit des Reiters ein lohnendes Ziel und eine erstrebenswerte Aufgabe.

Das Interesse am Reitsport ist außergewöhnlich groß und füllt bereits einen großen Bereich unserer Freizeit aus. Zur wirklichen Freude kann dieser Sport aber nur werden, wenn der Reiter gelernt hat, die Verhaltensweisen eines Pferdes zu verstehen, seine Fütterung und Pflege vorzunehmen und beim Pferd die Bereitschaft wecken kann, auf den Willen des Reiters einzugehen.

Der ständige Umgang stellt eine tiefe Verbindung mit dem Pferd her, und aufgrund dieser Beziehung muß der Reiter bemüht sein, seinem Pferd so wenig wie möglich zu schaden. Er stellt sonst seinen persönlichen Ehrgeiz über das Wohl seines Pferdes. Daher sollte jeder, der sich das Recht nimmt ein Pferd zu besteigen, auch die allgemeinen Grundsätze der Reiterei beachten. Er muß kein perfekter Reiter werden, sondern er sollte sich zur eigenen Freude weiterbilden und an sich arbeiten. Sein Partner — das Pferd — wird es ihm immer danken.

Die Ausbildung des Reiters

Die Grundausbildung

Ist man später ein passionierter Reiter geworden, gesteht man gerne ein, daß es im Laufe der Ausbildung so manche Augenblicke gegeben hat, in denen große Schwierigkeiten zu überwinden waren. Meistens war auch etwas Angst damit verquickt, wenn so ein großes Tier seine eigenen Wege ging, vor allen Dingen dann, wenn der Umgang mit Pferden erst erlernt werden mußte. Kindern fällt es allgemein naturgemäß bedeutend leichter, sich anzupassen und das Reiten zu erlernen; zwar haben sie anfangs diese Angst wohl auch zu überwinden, aber sie finden im Laufe der Reitstunden gewöhnlich schneller Vertrauen zu sich und dem Pferd und kommen eher zu dem Gleichgewichtsgefühl zu Pferde als der Erwachsene.

Dennoch ist das Alter des Reitschülers nicht so ausschlaggebend; ist er oder sie etwas sportlich veranlagt und übte man bisher vielleicht noch eine andere Sportart aus, so kann auch der Anfänger über 40 Jahre ohne große Schwierigkeiten das Reiten erlernen. Wenn in den weiteren Ausführungen die Rede von dem »jungen Reiter« ist, so bezieht sich das »jung« nicht auf sein Lebensalter, sondern auf seine reiterliche Erfahrung. Ein 16jähriger Jüngling, der bereits 10 Jahre zu Pferde sitzt, ist ein alter Reiter, während einem 40jährigen Erwachsenen nach der zehnten Reitstunde das Attribut junger Reiter zukommt.

Der junge Reiter hat vielleicht schon Pferdebücher oder gar Fachliteratur gelesen, er wird Pferde auf dem Lande, auf der Weide gesehen und beobachtet haben, vielleicht hat er voller Bewunderung der glitzernden Zirkusreiterin Beifall gezollt oder sich an großartigen Spring- und Dressurleistungen auf Turnierveranstaltungen begeistert; all das hat in ihm den Wunsch erweckt, es selbst zu wagen und den Rücken der Pferde zu besteigen. Alle diese Beobachtungen, die er vorher sammelte, legen den Grundstein zum Erfolg, denn das Vertrauen zum Pferde gewinnt man am ehesten durch Beobachtung und eigene Erfahrung. Und damit beginnt bereits die Reitausbildung, wenn man begreifen lernt, wie sich ein Pferd verhält: auf der Weide, im Stall, in der Ruhe, in der Bewegung und im Umgang mit den Menschen. Die Pferde werden dazu erzogen, sich dem Menschen unterzuordnen. Es versteht sich von selbst, daß der junge Reiter seine Ausbildung auf älteren, ruhigen und ausgeglichenen Pferden erhält, die ihm Zutrauen einflößen und die anfängliche Angst nehmen sowie Fehler des Reiters nicht so übelnehmen.

> Über die Pferdepflege lernt man die Gewohnheiten und Verhaltensweisen des Pferdes am besten kennen: erste Kontaktaufnahme und gegenseitiges Vertrauensverhältnis.
> Der Reiter kommt in der Reitausbildung schneller voran, wenn er über die Pflege und den Umgang mit dem Pferd dessen Reaktionen in verschiedenen Situationen kennengelernt hat.

Die Ausrüstung des Reiters

In den Reitsportgeschäften werden heutzutage die verschiedensten Ausrüstungen für Pferd und Reiter angeboten. Über Zweckmäßigkeit, Vor- und Nachteile sowie Notwendigkeit sollte man sich jedoch nicht nur mit dem Verkäufer, sondern auch mit dem Reitlehrer und anderen Reitern unterhalten.

Für die Anfänge des Reitens genügen durchaus gutsitzende lange Hosen oder Jodphurs. Natürlich ist es immer vorteilhaft, wenn der junge Reiter schon eine Reithose und Leder- oder Gummistiefel besitzt. Beim Sitzen zu Pferde darf die Hose nicht am Knie spannen. Ein Kniebesatz erhöht die Haltbarkeit und verleiht außerdem einen festen Sitz im Sattel.

Der Reitstiefel kann aus Gummi oder Leder sein. Er soll möglichst an der Wade anliegen, darf aber nicht so eng sein, daß beim Reiten Blutstauungen im Bein eintreten. Drückt der Stiefelschaft auch beim Reiten im leichten Sitz nicht an die Kniekehle, so ist die Schaftlänge richtig.

Die Bekleidung des Oberkörpers ist je nach Gelegenheit und Jahreszeit verschieden. Der Reiter muß bestrebt sein, zu Pferde eine möglichst günstige Erscheinung abzugeben. Weite und lange Pullover beispielsweise trägt man beim Reiten nicht. Für die Teilnahme an Pferdeleistungsprüfun-

gen ist die offizielle Reitkleidung erforderlich: weiße Reithose, schwarzer Rock und schwarze Reitkappe.

Zur Unterstützung der Reiterhilfen ist eine ca. 80 cm lange, einfache Reitgerte zu empfehlen; bei Sprungprüfungen darf sie keinesfalls länger als 80 cm sein.

Das Tragen der Sporen beim Reiten kann nur der Reitlehrer erlauben. Für den normalen Gebrauch sind nur Sporen mit stumpfen Rädern oder ohne scharfe Kanten zu verwenden. In einzelnen Fällen sind zur Korrektur verdorbener Pferde schärfere Sporen angebracht. Eine ständige Sporenhilfe macht Pferde schenkel- und sporenstumpf. Andererseits reagieren Pferde, die meist ohne Sporen geritten werden, besser auf Schenkelhilfen und auch auf die Sporen, wenn sie einmal angewendet werden.

Der Reitlehrer

Es ist sicherlich zu begrüßen, wenn der Anfänger sich vor der ersten Reitstunde schon mit der Theorie des Reitens etwas befaßt hat; aber ohne die Anleitung durch einen guten Reitlehrer wird er keine großen Siegerschleifen erringen können. Die Mühe liegt jedoch nicht nur auf den Schultern (oder besser dem Gesäß) des Schülers, sondern belastet zu gleichen Teilen den Reitlehrer, und an

dem späteren Erfolg sind beide beteiligt. Wann ist ein Reitlehrer gut? Wenn der Schüler die Freude am Reiten behält und er sich – trotz unausbleiblicher Enttäuschungen – stets auf die nächste Reitstunde freut. Einen besseren Beweis für die Richtigkeit der Lehrmethode gibt es kaum.

Je nach Größe und Anlage eines Reitbetriebes begegnet der Schüler verschiedenen Lehrern:

dem Amateurausbilder:
- Übungsleiter
- Reitwart
- Amateurreitlehrer

dem Berufsreiter:
- Bereiter FN
- Reitlehrer FN

dem Auszubildenden zum Bereiter, der unter Aufsicht schon zur Unterrichtung herangezogen wird.

Die Methodik des Lehrens hat sich in den letzten 30 Jahren in allen Sparten weiterentwickelt. Unter Methodik versteht man ein planmäßiges Lehrverfahren, wobei der Lehrer überlegen muß, w i e das Lernen und Üben am erfolgreichsten verlaufen kann.

Es ist ein großer Vorteil, wenn der Reitlehrer selbst ein guter Reiter ist und dies auch unter Beweis stellen kann. Doch zeigt die Erfahrung, daß es für den Reitschüler kein Nachteil ist, wenn er von einem Pädagogen unterrichtet wird, der es selbst nicht zur größten Perfektion gebracht hat. So mancher exzellente Reiter wird nie ein guter Lehrer, weil ihm die Freude am Lehrberuf fehlt.

Der Reitlehrer muß Temperament, Fähigkeit und Eigenschaften von Pferd und Schüler erfassen und seinen Unterricht darauf einstellen. Sicherlich wird er auf die genaue Ausführung seiner Anweisungen und Korrekturen bestehen müssen, vielleicht wird er auch einmal recht energisch oder ungeduldig, aber alles sollte in dem Bestreben geschehen, den Schüler zu fördern. Gerade bei dem jungen Reiter wird er schon während der Reitstunde ein Gespräch suchen, das die Grundlage für eine gute, gemeinsame Zusammenarbeit bildet.

Alle guten Ratschläge bleiben jedoch erfolglos, wenn der Schüler nicht fähig ist, im Laufe der Zeit zu Selbstbeobachtung und Selbstkontrolle zu kommen.

Das Reitpferd

Ohne Frage ist das ältere und auch gut ausgebildete Reitpferd immer der beste Lehrmeister. Aber nur wenigen ist es vergönnt, die ersten Reitstunden auf solchen Pferden zu erleben. Pferde, die ständig Anfänger tragen und dauernd grobe oder falsche Hilfen erhalten, legen sich ein dickes Fell zu; sie stumpfen allmählich ab, sind nicht mehr so gehfreudig und vermitteln noch nicht das wunderbare Gefühl der Vorwärtsbewegung eines Pferdes. Wie oft fallen dann Äußerungen: »Das habe ich mir eigentlich ganz anders vorgestellt.« Der wesentlichste Punkt zu Beginn der Reitausbildung ist jedoch das ruhige Pferd; ungestüme Remonten, die den Anfänger in hohem Bogen vor die Füße der anderen werfen, nehmen ihm die Lust und bieten nur dem Zuschauer ein Vergnügen.

Ein Pferd mit möglichst weichen Bewegungen gibt dem Anfänger schnell ein Gefühl der Sicherheit und des Gleichgewichts. Ein harter, stoßender Bewegungsablauf des Pferdes zwingt den Anfänger förmlich dazu, sich krampfhaft festzuhalten und wirkt somit dem geschmeidigen, tiefen Sitz des Reiters auf lange Zeit entgegen. Von Vorteil ist es auch, wenn der Anfänger über längere Zeit das gleiche Pferd reitet. Eine Gewöhnung an andere Pferde ist zu einem späteren Zeitpunkt angebracht.

Der Pferdewechsel gibt dem Reiter Gelegenheit, sich in kurzer Zeit auf ein ihm bisher fremdes Pferd einzustellen.

Jedes Pferd ist in seinen Bewegungen, seiner Geschmeidigkeit und seinem Temperament etwas anders.

Die Ausrüstung des Pferdes

Sie soll in erster Linie zweckmäßig und einfach sein. Selbst altes Lederzeug erfüllt durchaus seinen Zweck, wenn es mit Sattelseife und Spezialpaste gut gepflegt ist. Vorerst kommt für die Reitausbildung ein Vielseitigkeitssattel in Frage. Damit kann der Reiter sowohl dressurmäßig reiten als auch springen. Die Sattelblätter sind gut vorgebaut und ermöglichen eine gute Lage des Knies beim Springen. Ein Sattel muß waagrecht auf dem Pferderücken aufliegen und genügend gepolstert sein, so daß er in der Kammer nicht am Widerrist aufliegt. Entscheidend für Sitz und Einwirkung ist es, daß der tiefste Punkt der Sitzfläche in der Mitte des Sattels liegt. Als Unterlage wird meistens eine Filzdecke verwendet, die den Schweiß am besten aufnimmt. Die Satteldecke ist der Form des Sattels angepaßt und mit Lederschlaufen daran befestigt.

An einem ausgebildeten, durchgymna-
stizierten Pferd lassen sich die Merkmale des guten Exterieurs besonders
deutlich und markant darstellen.
Die Erscheinung wirkt insgesamt
harmonischer und plastischer. Die
Muskulatur der Hinterhand und die
Halsmukulatur kommen hier besonders
zur Geltung.

1 Widerrist	7 Vorderfußwurzelgelenk	13 Flanke
2 Schulterblatt	8 Röhrbein	14 Knie
3 Vorarm	9 Fessel	15 Hose (Unterschenkel)
4 Brust	10 Huf	16 Sprunggelenk
5 Ellbogen	11 Lende	
6 Unterarm	12 Kreuz, Kruppe	

Vielseitigkeitssattel

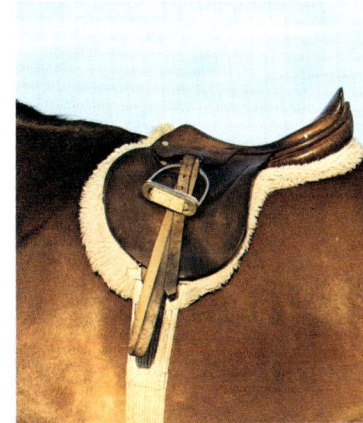

Springsattel

Dressursattel

Sattlung und Zäumung

Von der richtigen Sattlung und Zäumung hängt es ab, ob sich das Pferd während der Arbeit wohlfühlt. Es darf also nirgend durch einen nicht passenden Sattel oder Zaum Schmerz auftreten, auch nicht an druckempfindlichen Stellen.
Beschaffenheit und individuelle Anpassung von Sattel und Zaumzeug sind daher von großer Bedeutung für die Ausbildung. Die gesamte Ausbildung des Pferdes soll möglichst auf Trensenzäumung erfolgen. Erst während der Präzisierung der bereits erlernten Übungen und zum Vorstellen von Dressurpferden in den Klassen L – M – S erfolgt die Zäumung auf Kandare.
Für die einzelnen Sparten der Reiterei, der Dressur, dem Springen und der Vielseitigkeit, wird ein geeigneter Sattel verwendet. Die Form dieser Sättel ist weitgehend der Lage und der Länge der Schenkel des Reiters angepaßt. Wichtig ist, daß diese Sättel richtig auf dem Pferderücken aufliegen, mit einer entsprechenden Anpassung am Widerrist und dem tiefsten Punkt in der Mitte des Sattels.

Satteln

Von der linken Seite wird der Sattel mit hochgezogenen Bügeln und übergeschlagenem Gurt vorsichtig hinter dem Widerrist auf den Pferderücken aufgelegt und leicht nach hinten geschoben. Nunmehr wird die Satteldecke in der Sattelkammer angehoben, damit auch sie nicht am Widerrist aufliegt. Den Sattelgurt läßt man beim Herunterlassen nicht an die Vorderbeine anschlagen und zieht ihn nur so lose an, daß der Sattel im Augenblick nicht verrutschen kann. Wird der Gurt gleich zu fest angezogen, bekommt das Pferd leicht Sattelzwang: ein Angstgefühl, durch das es steigt oder sich gar zu Boden wirft. Hier führt man es dann einige Minuten im Schritt, bis es sich beruhigt hat.

Im allgemeinen besteht der Sattelgurt aus Cord; seltener werden Leder- oder Gummigurte verwendet. Er ist in der Länge so zu verschnallen, daß der Reiter immer zu Pferde nachgurten kann, da sich Pferde in der Regel anfangs etwas aufblähen.

Die Lage des Sattels und des Gurtes darf die Bewegungsfreiheit von Schulter und Vorderbeinen nicht beeinträchtigen. Die Bügel sollen breit und schwer sein, um ein Hängenbleiben beim Sturz zu vermeiden.

Ein rundgenähtes Zaumzeug wirkt leichter und unterstreicht den edlen Kopf eines Pferdes.
Je dicker das Trensengebiß, um so weicher ist die Einwirkung. Man wird daher bei einem empfindlichen Maul ein dickeres Mundstück nehmen. Der gebrochene Nasenriemen des Reithalfters wird um das Mundstück des Gebisses geführt und unter dem Kinn festgeschnallt.

Zäumung

Als Zäumung wird in der Regel eine Trense mit hannoverschem Reithalfter verwendet. Bei Gelände-, Spring- und Militarypferden findet das mexikanische Reithalfter oder das englische Reithalfter mit kombiniertem Nasenriemen häufig Verwendung. Der Nasenriemen liegt hier höher über den Nüstern und gibt dem Pferd noch mehr Atmungsfreiheit. Sehr empfindliche Pferde gehen mit dieser Art der Zäumung oft besser. Das Gebiß ist eine dicke Wassertrense, deren Abmessung der Breite des Pferdemaules entsprechen muß. Ein weiches Mundstück ist immer dick; je dünner es ist, um so schärfer wirkt es. Es ist so zu verschnallen, daß die Lefzen im Maul nicht hochgezogen werden (zu kurz), aber es darf auch nicht auf den Eckzähnen aufliegen (zu lang). Die korrekte Zäumung ist also wichtig. Das Reithalfter hat den Zweck, daß sich das Pferd nicht durch Sperren im Maul der Einwirkung der Zügel entziehen kann. Das ist sonst namentlich bei unrittigen Pferden der Fall. Der Nasenriemen des Reithalfters wird so geschnallt, daß gerade der Daumen noch dazwischen Platz findet. Um ein Drücken seitlich auf das Gebiß auszuschalten, muß sich der Nasenriemen etwa vier Finger breit über dem oberen Nüsternrand befinden und darf die Atemwege nicht einengen.

Die Kandare wird im allgemeinen nur für die Vorbereitung und beim Reiten der Dressurprüfung der Klasse L und höher verwendet. Sie wird genau wie die Trense verpaßt. Empfindliche Pferde erhalten ein Mundstück mit geringer Zungenfreiheit, denn ein Gebiß mit großer Zungenfreiheit ist schärfer und direkter in der Wirkung.

Aufzäumen

Vor dem Auflegen der Trense oder Kandare muß die Zäumung geordnet werden. Das Halfter wird abgenommen und die Zügel über Kopf und Hals des Pferdes gelegt. Mit der rechten Hand hält man die Zäumung in der Mitte des Kopfstückes und führt sie an der Pferdenase von unten nach oben an den Kopf des Pferdes. Mittelfinger und Daumen fassen zwischen die Lippen und veranlassen das Tier, das Maul zu öffnen. Das Gebiß wird nun hineingeschoben, während die rechte Hand das Kopfstück erst über das rechte und dann über das linke Ohr schiebt. Sodann werden Stirnband und Mähne geordnet, das Stirnband darf nicht an den Ohren drücken. Nun wird der Kehlriemen so eng geschnallt, daß die flache Hand darin noch Platz findet. Alle Handgriffe müssen behutsam und sicher ausgeführt werden.

Bandagieren

Bei jungen Pferden ist das Anlegen von Bandagen zu empfehlen, besonders beim Longieren. Diese schützen die Pferdebeine gegen Streichen, Stoßen und Schläge. Bei älteren Pferden stützen sie die Sehnen und Bänder.
Beim Anlegen der Bandagen ist darauf zu achten, daß diese nicht zu straff gewickelt werden, da sie sonst die Blutzirkulation hemmen. Es wird von oben nach unten, ohne Falten und genügend weit über den Fesselkopf gewickelt, zurück nach oben, wo die Bänder an der Außenseite geknotet werden.
Bei Pferden, die sich am Fesselkopf streichen, sind Bandagen oder Streichgamaschen unbedingt notwendig. Die Gamaschen müssen gut verpaßt sein, dürfen weder rutschen noch drücken.

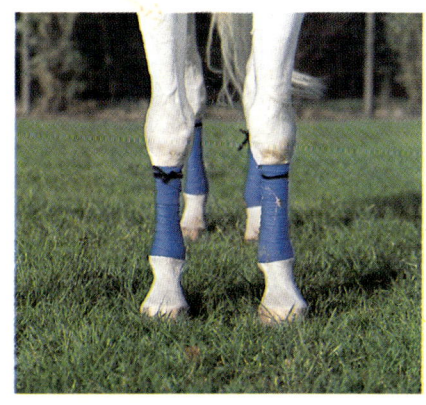

Die Ausrüstung des Pferdes

Wettbewerb	Zäumung				
	Trense	Reithalfter	Bandagen Streichkappen	Springglocken	Sonstiges
Materialprüfungen	einfache Trense mit einmal gebrochenem, dickem Gebiß	Hannoversches Reithalfter	erlaubt: Bandagen und Streichkappen bei Mindestleistungen		erlaubt: Gummischeiben am Gebiß
Eignungsprüfung Reitpferde Kl. A + L	Trense wie Materialprüfungen	Hannoversches Reithalfter	erlaubt: Bandagen und Streichkappen bei Mindestleistungen und Springen		
Eignungsprüfung Jagd-/Springpferde	Trense wie Materialprüfungen	Reithalfter	erlaubt: Bandagen und Streichkappen bei Mindestleistungen	erlaubt: Springglocken	erlaubt: gleitendes Ringmartingal und Gummischeiben am Gebiß
Dressurprüfungen Kl. A Kl. L Kl. M Kl. S	Trense wie Materialprüfungen Trense wie oben oder Kandare mit Unterlegtrense Kl. M wie Kl. L (Kandare) Kl. S wie Kl. L	Hannoversches Reithalfter Hannoversches Reithalfter			erlaubt: bei Kandarenzäumung Kinnkettenunterlage
Jagdpferdeprüfungen Kl. L	Trense wie oben Materialprüfungen	Reithalfter	erlaubt: Bandagen Streichkappen	erlaubt: Springglocken	erlaubt: Gummischeiben am Gebiß, gleitendes Ringmartingal wie Kl. L
Kl. M + S	Zäumung beliebig	Reithalfter wie Kl. L	wie Kl. L	wie Kl. L	wie Kl. L
Geländeritte Kl. A + L	Trense wie Materialprüfungen	Reithalfter	erlaubt: Bandagen Streichkappen	erlaubt: Springglocken	erlaubt: Gummischeiben am Gebiß, gleitendes Ringmartingal
Kl. M + S	Zäumung beliebig	Reithalfter wie Kl. A + L	wie Kl. A + L	wie Kl. A + L	wie Kl. A + L
Vielseitigkeitsprüfung Dressur	Trense wie Materialprüfungen	Hannoversches Reithalfter			
	Trense	Reithalfter	Bandagen, Streichkappen	Springglocken	Sonstiges
Gelände	Trense wie Materialprüfungen	Reithalfter	erlaubt: Bandagen, Streichkappen	erlaubt: Springglocken	erlaubt: Gummischeiben am Gebiß, gleitendes Ringmartingal
Springen	wie Gelände	wie Gelände	wie Gelände	wie Gelände	wie Gelände
Military Kl. L + S Dressur	Trense wie Materialprüfungen oder Kandare mit Unterlegtrense je nach Belieben	Reithalfter			
Gelände	Zäumung beliebig	Reithalfter	erlaubt: Bandagen, Streichkappen	erlaubt: Springglocken	erlaubt: Gummischeiben am Gebiß
Springen	wie Gelände	wie Gelände	wie Gelände	wie Gelände	wie Gelände
Springprüfung Kl. A + L	Trense wie Materialprüfungen	Reithalfter	erlaubt: Bandagen, Streichkappen	erlaubt: Springglocken	erlaubt: Gummischeiben am Gebiß, gleitendes Ringmartingal
Springprüfung Kl. M + S Rekordspringen Barrierenspringen	Zäumung beliebig	Reithalfter	erlaubt: Bandagen, Streichkappen	erlaubt: Springglocken	erlaubt: Gummischeiben am Gebiß. Als Hilfszügel nur gleitendes Ringmartingal erlaubt

Die Ausrüstung der Reitpferde, die sich am Pferdeleistungssport beteiligen, muß gemäß Leistungsprüfungsordnung (LPO) der Deutschen Reiterlichen Vereinigung § 70 erfolgen. Jede andere, nicht ausdrücklich erwähnte Ausrüstung ist verboten.

Die Ausrüstung des Reiters

	Ausritt und Training	Jagd	Geländeprüfungen	Jagdpferdeignungsprüfungen Springprüfungen	Dressurprüfungen A und L	Material- und Eignungsprüfungen	Dressurprüfungen höchster Klasse	Festlichkeiten
Stiefel	zur Stiefelhose: schwarze Stiefel; zur Jodhpurhose: Stiefeletten	zum roten Rock: schwarze Stiefel mit brauner Jagdstulpe; zum schwarzen Rock: schwarze Stiefel	schwarze Stiefel	zum roten Rock: schwarze Stiefel mit brauner Jagdstulpe; zum schwarzen Rock: schwarze Stiefel	schwarze Stiefel; ev. Lackstulpen		schwarze Stiefel mit Lackstulpe	schwarze Stiefel mit Lackstulpe
Hosen	Stiefelhose oder Jodhpurhose	weiße Stiefelhose	weiße oder helle Stiefelhose	weiße oder helle Stiefelhose	weiße Stiefelhose	weiße oder helle Stiefelhose	weiße Stiefelhose	weiße Stiefelhose
Jacken	Sportliche Reitjacke oder Pullover	Damen und Herren: roter oder schwarzer Reitrock	sportliche Reitjacke	Herren: roter Rock oder schwarzer Reitrock; Damen: schwarzer Reitrock	schwarzer Reitrock	schwarzer Reitrock	schwarzer Reitrock oder Reitfrack	schwarzer Reitrock
Kopfbedeckungen	Reitkappe oder Sportmütze	Herren: schwarze Reitkappe; Damen: schwarze Reitkappe oder Melone	sturzfeste Reitkappe; Sturzhelm	Herren: schwarze Reitkappe; Damen: schwarze Reitkappe oder Melone	Reitkappe oder Melone	Reitkappe oder Melone	Zylinder	Zylinder oder Melone
Handschuhe	Reithandschuhe mit Zügelverstärkung	weiße Leder- oder Strickhandschuhe	naturfarbene Lederhandschuhe	weiße Leder- oder Strickhandschuhe	weiße Leder- oder Strickhandschuhe	weiße Leder- oder Strickhandschuhe	weiße Lederhandschuhe	weiße Leder- oder Strickhandschuhe
Krawatten, Plastrons		Plastron mit Nadel oder weiße Krawatte	Krawatte	Plastron mit Nadel oder weiße Krawatte	weiße Krawatte oder Plastron mit Nadel	weiße Krawatte oder Plastron mit Nadel	Plastron mit Nadel	Plastron mit Nadel
Sporen	zum Stiefel: Anschnallsporen; zur Stiefelette: Anschnallsporen	Schlaufensporen	Schlaufensporen	Schlaufensporen	Schlaufensporen	Schlaufensporen	Schlaufensporen	Schlaufensporen
Gerten, Peitschen	Reitgerte; Reitstock	Reitstock oder Hetzpeitsche	Reitstock	Reitstock oder Reitgerte (bis zu 80 cm)	Dressurgerte	Reitstock oder Reitgerte		Reitgerte; Reitstock

Der Longenunterricht

Jeder Reitlehrer freut sich über einen aufgeschlossenen Anfänger, der schon bei anderen Reitern beobachtet hat, wie man ein Pferd besteigt und wie man wieder absitzt. Aber auch das kann man nicht sofort, sondern es muß geübt werden. Vielleicht wundert sich der Schüler — oder freut sich —, daß er die Anfangsgründe auf einem Pferd erlernen muß, das an der Longe geht. Diese Longenstunden sind besonders wichtig, da hier der Reitlehrer das Pferd im eigentlichen Sinne kontrolliert oder führt und der junge Reiter sich ausschließlich auf das Sitzenbleiben konzentrieren kann.

Der Schüler wird nunmehr mit dem Bewegungsablauf eines Pferdes vertrauter, er erlernt das Leichttraben und darf, wenn der Sitz dies zuläßt, auch schon galoppieren.

In der Regel muß ein Reiter bis zu 10 Stunden Unterricht an der Longe erhalten, bis er in der Lage ist, in der Reitbahn frei zu reiten. Er muß soviel Sicherheit an der Longe gewonnen haben, daß er sowohl treibende Hilfen als auch Zügelhilfen anwenden kann — sein Pferd also anreiten und auch wieder durchparieren kann. Auch erfahrene Reiter reiten noch — oder wieder — unter Aufsicht an der Longe. Beim Reiten ohne Aufsicht schleichen sich häufig Sitzfehler ein

oder der Reiter verspannt sich. Diese Sitzübungen haben also nicht nur den Zweck, eine fehlerhafte Haltung zu korrigieren, sondern sie sollen den Reiter auch zur Losgelassenheit und zur Entspannung aller Muskeln führen. Was in der Fachsprache als »losgelassen sitzen« bezeichnet wird, ist die Voraussetzung zum »Fühlenlernen«.

Die Verfeinerung dieses »Fühlens« wird im Laufe der gesamten Ausbildung anzustreben sein, hat aber im Talent des Schülers seine Grenzen.

Aufsitzen

Auf- und Absitzen

Bevor der Reiter aufsitzt, steht er auf der linken Seite des Pferdes mit dem Rücken zum Pferdekopf. Mit der linken Hand nimmt er die Zügel auf und stellt eine leichte Verbindung zum Pferdemaul her. Dadurch kann das Pferd nicht mehr nach vorwärts antreten. Um ein etwaiges Hereinkommen zu verhindern, wird der rechte Trensenzügel etwas kürzer gefaßt. Die linke Hand greift nun an die Mähne oder an die Vorderkammer des Sattels, dann wird der linke Fuß in den nach vorn gedrehten Bügel gestellt, und die rechte Hand faßt entweder in die Mitte des Sattels

3   4   5   6

Früher oder später kommt jeder Reiter einmal in die Lage, auch im Gelände auf- und abzusitzen. Es gehört mit zur Vertrauensphase und zur Grundausbildung, daß ein Pferd dabei ruhig stehen bleibt.

1   2   3   4

Absitzen

Zu beachten ist:
- ruhiges, langsames Aufsitzen
- weiches Einsitzen
- gleichmäßiges Anstehen der Zügel
- Absitzen ohne Hektik
- langsames Heruntergleiten vom Pferd
- gleichmäßiges Anstehen der Zügel

oder an den Sattelrand. Mit dem rechten Fuß stößt sich der Reiter dann ab, nimmt das rechte Bein über die Kruppe und gleitet behutsam in den Sattel. Der rechte Fuß wird jetzt von außen in den rechten Steigbügel gesetzt.

Beim Absitzen behält der Reiter die Verbindung mit dem Pferdemaul aufrecht; die Zügel liegen in der linken Hand, die sich sodann auf den Mähnenkamm stützt. Der rechte Fuß wird aus dem Bügel genommen, das rechte Bein über die Kruppe geschwungen, und der Reiter läßt sich mehr oder weniger schwungvoll am Pferdekörper abgleiten, nachdem er den linken Fuß vollständig aus dem Bügel gezogen hat.

Der Sitz des Reiters im Schritt

Vor dem Aufsitzen können die Bügel nur annähernd genau verpaßt werden; die Länge nach dem Armmaß ist nur ungefähr zutreffend: dabei erfaßt die Fingerspitze die Schnalle des Steigbügelriemens und führt die Bügel mit ausgestreckter Hand zur Achselhöhle.

Hat der Reiter nach dem Aufsitzen im Sattel Platz genommen, wird die Länge der Steigbügel überprüft. Dabei ist er nicht auf die Hilfe des Reitlehrers angewiesen. Er muß lediglich beachten, daß die Beine lang aus-

Sinnvolle Freiübungen sind die Grundlage, um den Reiter ins Gleichgewicht und zur Losgelassenheit zu bringen.

Die praktische Ausbildung des Reiters umfaßt drei Phasen:

1. Phase: Der Reiter muß das Gleichgewicht auf dem Pferd in allen drei Grundgangarten und bei den Übergängen halten, also sitzen lernen.

2. Phase: Der Reiter muß fühlen lernen — er soll den Takt, den Rhythmus der richtigen Fußfolge und das Tempo in den einzelnen Gangarten erfühlen lernen.

3. Phase: Der Reiter muß das Einwirken erlernen — die Verständigung zwischen Reiter und Pferd.
Das Longieren eines geübten Reiters dient zur Korrektur von Sitzfehlern und zur Verfeinerung der Einwirkung.

hängen und nur die Zehenspitzen angehoben werden, um den Steigbügel zu erfassen und mit dem Fuß hineinzutreten. Muß der Reiter das Knie und das ganze Bein etwas anheben, um in den Bügel zu kommen, dann ist der Bügel zu kurz; kann er dagegen bei ausgestreckten Beinen den Absatz nicht tiefer als den Bügel bringen, so ist er zu lang geschnallt. Der Lehrer wird das Pferd zuerst im Schritt antreten lassen, und der Anfänger soll sich nun möglichst bequem und locker der Bewegung des Pferdes anvertrauen. Am Anfang kann es keineswegs schaden, wenn er sich mit der linken Hand in der vorderen Sattelkammer oder einem eventuell daran befestigten Riemchen

etwas festhalten kann. Bei zunehmendem Selbstvertrauen wird er diesen Griff allmählich lockern und die Hand schließlich ganz herausnehmen. Hier setzen nun die ersten Korrekturen des Lehrers ein, der damit erreichen will, daß der Anfänger bequem und locker ohne irgendwelche Verkrampfungen und Spannungen sitzt, denn nur so vermag er, die richtige Schenkellage und somit den richtigen Sitz zu finden.
Schenkellage, Oberkörper und Hüfte sowie das Gesäß des Reiters stehen in enger Verbindung miteinander. Sitzt der Reiter mit dem Gesäß zu weit am hinteren Sattelrand — und das ist anfangs in den meisten Fällen so —, dann hat der Reiter die Schen-

kel und das Fußgelenk mit den Füßen zu weit vorn. Der Reiter kann der Aufforderung des Lehrers, die Schenkel weiter zurückzunehmen, ohne dabei die Beine nach oben zu ziehen, erst dann folgen, wenn er bemüht ist, gleichzeitig sein Gesäß mehr nach vorn zu bringen. Je bequemer sich der Reiter im Laufe der Reitstunden im Sattel fühlt, desto leichter wird es ihm gelingen, aufrecht zu sitzen, das heißt, sein Oberkörper befindet sich von der Hüfte aus senkrecht. Bei nach vorn geneigtem Oberkörper besteht die Neigung, das Gesäß zu weit zurückzubringen. Wird der Oberkörper jedoch hinter die Senkrechte gebracht, so geraten die Unterschenkel zwangsläufig zu weit nach vorn.

Beide Aufnahmen veranschaulichen den korrekten Sitz. Die Haltung des Oberkörpers ist natürlich, aber aufrecht, die Hüftpartie ist leicht vorgeschoben. Je breiter der Reiter sein Gewicht auf die Sitzfläche abgibt, um so stabiler ist das Gleichgewicht des Reiters. Die Beine liegen vom Hüftgelenk abwärts natürlich am Pferdeleib.

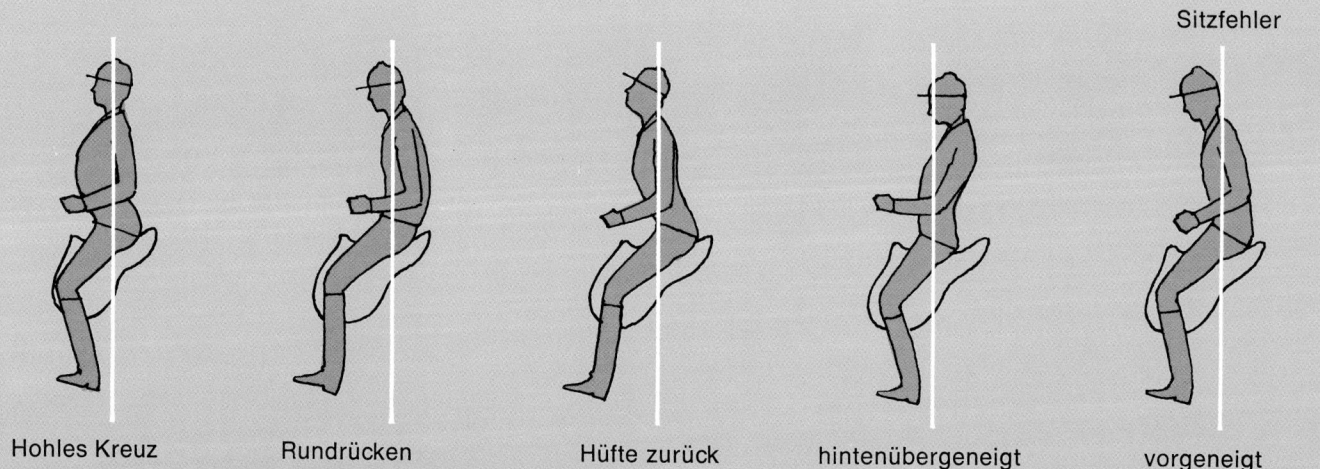

Sitz des Reiters

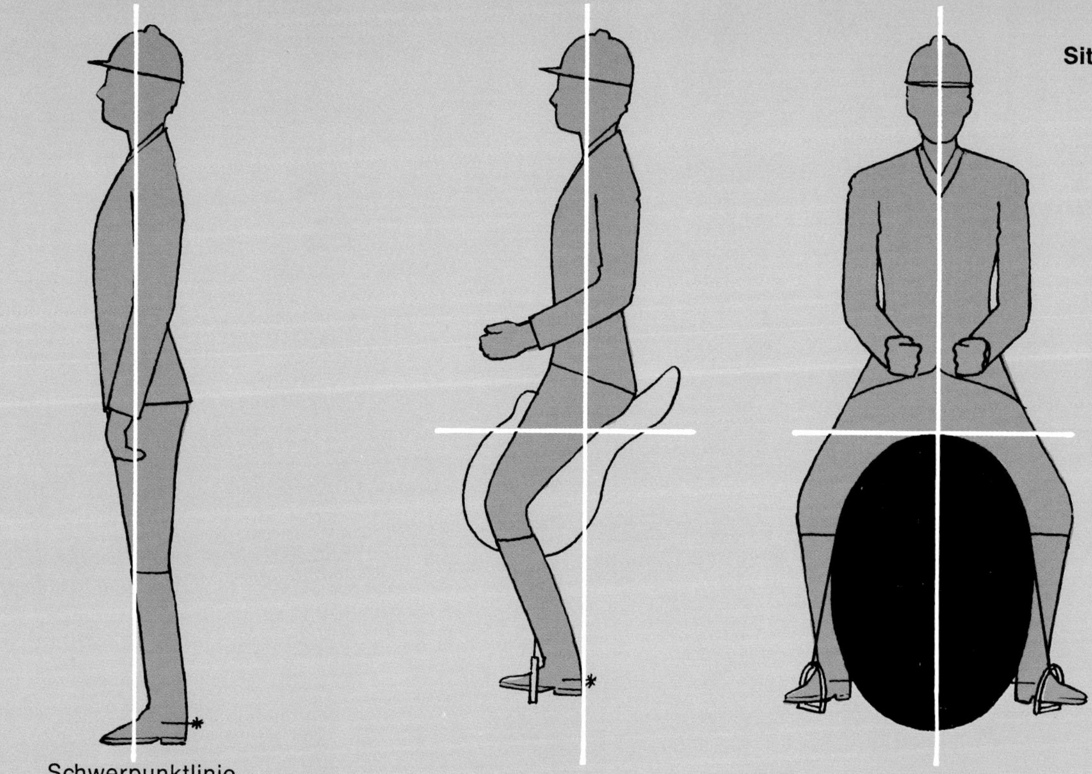

Schwerpunktlinie
bei stehenden Menschen

Normaler Sitz

Sitzfehler

Hohles Kreuz   Rundrücken   Hüfte zurück   hintenübergeneigt   vorgeneigt

Der Sitz des Reiters im Trab

Der richtige Sitz ist am leichtesten im Schritt zu erfühlen, da der Schritt eine langsame und auch schwunglose Gangart ist. Wer will sich in unserer heutigen Zeit auf die Dauer aber nur langsam fortbewegen! Wohl niemand und erst recht nicht die Jugend. Um nun mit den Situationen einer etwas schnelleren Gangart, nämlich dem Trab, fertig zu werden, wird das Leichttraben gelehrt. Diese Art des Trabens ist für Pferd und Reiter eine Erleichterung. Die ersten Übungen sollten im Halten ausgeführt werden, um den Anfänger auf das Leichttraben vorzubereiten. Auf Anweisung des Lehrers, der jeweils »eins« und »zwei« zählt, erhebt sich der Reiter bei eins etwas aus dem Sattel und sitzt bei zwei wieder weich im Sattel ein. Dabei sollte der Reiter möglichst beide Hände in die Hüfte stützen und beim Erheben aus dem Sattel beide Steigbügel als Stütze benützen. Er kann auch selbst zählen — wird es

Wichtig in dieser Phase der Reitausbildung ist ein ruhig und gleichmäßig gehendes Pferd an der Longe.
Der junge Reiter soll sich zuerst durch Aufstützen mit beiden, dann mit einer Hand auf dem Hals des Pferdes einigermaßen sicher fühlen. Mit dieser Hilfe erlernt er das Leichttraben schneller.

später ganz automatisch in Gedanken tun –, sich gleichmäßig heben und senken und damit dem Trabrhythmus mit seiner diagonalen Fußfolge anpassen. Das Abstützen der Hände in den Hüften hilft ihm, sein Gleichgewicht zu finden. Fällt der Reiter beim Heben in den Sattel zurück und kann nicht in den Bügeln stehen bleiben, dann rutschen ihm die Beine nach vorn, und er ist nicht mehr im Gleichgewicht. Dafür pflegt er sich später mit den Händen an den Zügeln auszubalancieren, ein Fehler, der schnell angewöhnt, aber sehr schwer wieder abgewöhnt wird. Hat der Reiter anfangs solche Gleichgewichtsschwierigkeiten, so darf er beide Hände auf den Pferdehals aufstützen und sein Gewicht auf die Hände verlagern; das Aufstehen und Einsitzen fällt ihm dann leichter. Wenn der Schüler die Hebe- und Einsitzübungen auf dem haltenden Pferd beherrscht und in lockerer Haltung ohne Verkrampfung ausführt, so muß er dasselbe auf dem trabenden Pferd versuchen. Der Reitlehrer läßt das Pferd antraben und den Reiter taktmäßig bei leicht vorgeneigtem Oberkörper, Hände in die Hüften, aufstehen und einsitzen. Hierbei muß der Schüler darauf achten, daß er auf dem richtigen Fuß trabt; das ist dann der Fall, wenn er auf dem inneren Hinterfuß einsitzt. Um das festzustellen, muß er seinen Blick auf die

äußere Pferdeschulter fallen lassen: geht sie vor, muß er sich aus dem Sattel heben, geht sie zurück, muß er einsitzen.

Nach diesem Beginnen wird der Reiter vielleicht in Oberschenkeln und Rücken einen mehr oder weniger starken Muskelkater verspüren. Diese natürliche Erscheinung verliert sich recht bald, und zwar um so rascher, je kürzer die zeitlichen Abstände zwischen den einzelnen Reitstunden sind. Wer es irgend ermöglichen kann, sollte zu Beginn an einem dreiwöchigen Lehrgang einer guten Reitschule mit täglichem praktischen Reiten teilnehmen. In dieser Zeit, wo man den Alltag abschaltet und sich ganz auf das Reiten konzentrieren kann, lernt man so viel, daß man ein Pferd schon in etwa beherrscht, sich leicht auf ein anderes Pferd im heimatlichen Reiterverein setzen und bei den dortigen Reitstunden mitmachen kann. Nach einem solch intensiven Kurs wird der Anfänger ohne weiteres beurteilen können, ob ihm das Reiten so viel Freude macht, daß er es weiter ausüben will, oder ob er es doch lieber aufgeben möchte, weil es seinen Erwartungen nicht entspricht. Wer keine Gelegenheit zur Teilnahme an einem Lehrgang hat, sollte zu Anfang wöchentlich drei Reitstunden nehmen und das vier Wochen hintereinander. Dann kann er die Abstände je nach Lust und Zeit vergrößern.

Das Halten der Balance, besonders auch im Galopp, führt zum sogenannten »unabhängigen Sitz«. Bei den ersten Übungen im Galopp zieht sich der Reiter mit der inneren Hand in den Sattel hinein. Die äußere Hand am hinteren Sattelrand gibt dem Reiter noch mehr Sicherheit.
Bei Bild 1 und 3 wird dies von einem fortgeschrittenen Reiter vorgeführt. Bei Bild 2 ist zu erkennen, daß der Reiter noch nicht in die Bewegung des Pferdes eingehen kann. Sein Sitz ist unruhig, deshalb verspannt sich auch das Pferd.

Nach dieser kurzen Abschweifung wieder zurück zur Reitstunde. Selbstverständlich läßt der Reitlehrer seinen Schüler nicht eine Stunde hintereinander leicht traben, sondern er wird entsprechend der körperlichen Verfassung Schrittreprisen einlegen.

Die Bügel überschlagen

Als nächste Übung werden die Bügel übergeschlagen; der Schüler darf mit der inneren Hand in die vordere Sattelkammer fassen und sich damit in den tiefsten Punkt des Sattels hineinziehen; keinesfalls darf er dabei das Handgelenk verkrampfen und das Gesäß nach hinten herausdrücken. Der Reitlehrer wird hier auf die richtige Schenkellage achten; als

Faustregel gilt: der vordere Rand des Stiefels soll mit dem hinteren Rand des Gurtes abschneiden. Das Hereinziehen in den tiefsten Punkt des Sattels vermittelt dem Reiter das Gefühl des Bequemsitzens; er kann sich entspannen und locker auf die Trabbewegungen eingehen. Sobald er sich sicherer fühlt, wird er den Griff von selbst etwas lockern und versuchen, die Hand auch einmal — wenn vielleicht auch nur für einen kurzen Augenblick — herauszunehmen. Entscheidend ist, daß er auf beiden Gesäßknochen sitzt und nicht etwa versucht, sich mit den Beinen festzuklammern. Ganz wird das zu Beginn nicht ausbleiben, mal rutscht der Reiter ein wenig nach innen, mal ein wenig nach außen, er darf dann jederzeit wieder mit der Hand in den

Sattel greifen und sich nach vorn heranziehen, bis er schließlich einen so lockeren Sitz erreicht hat, daß er beide Gesäßknochen gleichmäßig belastet und sich nicht mit der »Beinklammer« auf dem Pferderücken hält. Es wird 3—4 Stunden dauern, bis der Reiter seinen Sitz so gefestigt hat, daß er ohne die Hilfe der Hände traben kann.

Der Sitz des Reiters im Galopp

Als nächste Gangart wird der Galopp geübt, eine springende Bewegung des Pferdes im Dreitakt. Mit einer kleinen Hilfestellung wird es dem Reiter nicht allzu schwer fallen, sich mit dem Galopp vertraut zu machen, indem er mit der inneren Hand in die

vordere Sattelkammer hineinfaßt und sich mit der äußeren Hand am hinteren Sattelrand festhält. Dadurch gewinnt er einen sicheren Halt. Der Reitlehrer wird das Pferd aus dem Trab zum Galopp veranlassen, nachdem er dem Schüler eine neue Schenkellage für den Galopp erklärt hat: der innere Schenkel liegt näher am Gurt und der äußere mindestens eine Handbreit hinter dem Gurt. Auch hier soll die vordere Hand den Reiter immer wieder in den Sattel hineinziehen, damit das Gesäß am Sattel bleibt und er nicht geworfen und gestoßen wird, was leider zu Verkrampfungen führt und die Schenkellage verändert. Mit zunehmender Sicherheit wird er allmählich die Hand von dem hinteren Sattelrand lösen und später die andere Hand

aus der Sattelkammer. Zu großer Ehrgeiz ist hier falsch am Platze; es ist im Gegenteil besser, mit den Händen so lange den Halt am Sattel zu finden, bis auch im Galopp der lockere, am Sattel haftende Sitz erreicht ist, als sich durch zu frühes Lösen einen falschen Sitz anzugewöhnen, der nachher wieder schwer zu korrigieren ist. Auch hier wird der Reitlehrer wieder Schrittreprisen einlegen, weil ein zu langes Galoppieren für den Anfänger noch zu anstrengend ist. Vermag der Schüler nach einigen Stunden ohne die Stütze der Hände zu galoppieren, wird ihn der Lehrer auffordern, die Hände in die Hüften zu nehmen oder seitwärts zu halten oder sie am Oberschenkel aushängen zu lassen, um so sein Gleichgewicht weiter zu festigen. Der Galopp wird von der 4. bis 15. Reitstunde etwa geübt; von der 6. bis 7. Stunde ab wird der Reiter auch schon die Zügel aufnehmen können, nachdem er mit ihnen und ihrer Bedeutung vertraut gemacht wurde.

Der Reiter muß lernen, während der Bewegung, unabhängig vom Sitz, seine Arme und Beine zu verlegen, ohne das Gleichgewicht zu verlieren. Diese Losgelassenheit im Sitz des Reiters findet in der richtigen Handhaltung seine Bestätigung. Die Fäuste stehen senkrecht, sind nicht verspannt und geben dem Reiter damit das Gefühl für die richtige Anlehnung und die Anwendung der Zügelhilfen.

Bild 1:
Handhaltung richtig, die Zügel rahmen den Hals ein.

Bild 2:
Falsch: Verdeckte Hände — Nachteil: Beim Reiten mit Kandare stehen die Kandarenzügel zu stark an.

Bild 3:
Falsch: Die Handgelenke sind nach innen gedrückt, das Handgelenk ist fest, daher wenig Gefühl in der Hand.

Bild 4:
Falsch: Die Hand geht über den Widerrist und wirkt daher vermehrt in die entgegengesetzte Richtung.

Die Zügel aufnehmen

Nach dem Aufsitzen werden die Zügel aufgenommen und ausgedreht, eine Verbindung mit dem Pferdemaul wird hergestellt. Dann fassen beide Hände die Zügel von oben an, die nun zwischen Ring- und Kleinfinger durch die leicht geschlossene Hand über den Zeigefinger geführt werden. Der Daumen wird locker darauf gelegt, die Zügelenden hängen nach rechts.

Ein gut gerittenes Pferd vermittelt naturgemäß ein anderes Anlehnungsgefühl beim Aufnehmen der Zügel als das ständig unter Anfängern gehende Lehrpferd, das aus Abwehr gefühlloser im Maul wurde. Von Anfang an sollte sich der Schüler bemühen, seine Fäuste senkrecht hinzustellen, d. h. die kleinen Finger sind sich näher als die Daumen, und er sollte in die inneren Handflächen hineinsehen können. Der häufigste Fehler ist das

Waagerechthalten der Hände, also verdeckte Fäuste, ein Fehler, der sich in der weiteren Ausbildung nur mühsam abstellen läßt. Wesentlich ist auch, von Anfang an eine gleichmäßige Verbindung mit dem Pferdemaul herzustellen; der Zügel darf nicht einmal zu stark anstehen und das andere Mal locker durchhängen. Ständig sollte der Reiter das Gefühl haben, ein leichtes, gleichmäßiges Gewicht in Händen zu halten.

1   2   3   4

Grundsätzlich gilt, daß es leichter ist und schneller geht, etwas Neues zu lernen, als einen bereits eingebürgerten Fehler wieder abzugewöhnen. Wenn also der Schüler nicht genug Einsicht hat, muß der Lehrer dessen Ungeduld zügeln und ihn dadurch vor Fehlern und Enttäuschungen bewahren.

Treibende Hilfen

Bisher wurde das Pferd durch die Longenpeitsche oder die Stimme des Reitlehrers zu seiner jeweiligen Gangart oder zum Halten veranlaßt. Nunmehr lernt der Schüler — aber immer noch an der Longe — seine ersten Einwirkungen auf das Pferd, die man als Hilfen bezeichnet; er wirkt also selbst aktiv auf das Pferd ein, um es aus dem Stand in Bewegung zu bringen. Dazu muß er es »treiben«, wozu er sich zunächst immer nur der Schenkelhilfen bedienen kann: mit beiden Waden übt er einen gleichmäßigen Druck auf die Seiten des Pferdeleibes aus. Reagiert ein Pferd darauf nicht, so ist der Druck zu verstärken; hilft das auch noch nicht, so muß aus dem Druck ein Klopfen der Schenkel werden. Bei sensibleren Pferden genügt ein leichteres Drücken, faule benötigen stärkere Schenkelhilfen. Das gilt nicht nur für das Anreiten, sondern für die

gesamte Bewegung. Schreitet ein Pferd nicht fleißig genug oder trabt es faul dahin, wird der Reiter mit beiden Schenkeln treiben. Beim Galoppieren treibt er lediglich mit dem inneren Schenkel an dem Gurt, während der äußere Schenkel 1—2 Handbreit hinter dem Gurt am Pferdeleib liegen bleibt. Der Impuls zum Angaloppieren erfolgt also ausschließlich mit dem inneren Schenkel, während der äußere Schenkel eine gegenhaltende Wirkung ausübt. In der Reitersprache bezeichnet man den inneren als den treibenden Schenkel und den äußeren als den verwahrenden. So lernt der junge Reiter das Angaloppieren aus dem Trabe und aus dem Schritt. Jedes gut ausgebildete Pferd wird diese Hilfen annehmen und angaloppieren. Wenn der Reiter so weit ist, daß er sein Pferd in Schritt, Trab und Galopp bringen kann, muß er es auch wieder einfangen können, d. h. von einer höheren in eine niedrigere Gangart übergehen lassen. Dazu verstärkt er die Verbindung zum Pferdemaul ein wenig, indem er die Zügel etwas aufnimmt. Diese Einwirkung der Hände hat eine vorwärtshemmende Wirkung, sie wird halbe Parade genannt. Auf Seite 41 wird sie genauer beschrieben. Darauf reagiert das Pferd und pariert durch. Zum Traben und Galoppieren läßt der Reitlehrer den Schüler dann wieder die Bügel be-

1

2

3

4

nutzen, auch wenn er anfangs noch nicht in der Lage ist, den Bügel an der breitesten Stelle des Ballens zu halten; der Bügel wird zuerst immer etwas nach hinten durchrutschen. Der junge Reiter kann noch nicht so tief sitzen und vor allem sitzen bleiben. Dadurch zieht er die Beine gerne etwas hoch, und die Bügel rutschen weg. Der Lehrer wird das regelmäßig korrigieren, damit der Schüler den Bügel wieder unter die breiteste Ballenstelle bekommt, das Bein locker aushängt und der Absatz automatisch zum tiefsten Punkt wird. Damit wird auch der tiefe Sitz gewährleistet. Der junge Reiter sitzt »auf« dem Pferd, oben drauf, beim Treiben zieht er unwillkürlich die Beine hoch, er treibt also von unten nach oben und schwächt dadurch seine Einwirkung ab, während der geübte Reiter »im« Pferd sitzt und von oben nach unten treibt, wodurch seine Einwirkung auf das Pferd voll zur Geltung kommt.

Der erste Teil der Ausbildung hat das alleinige Ziel, den Reiter Balance zu lehren, d. h. daß er sich nicht mehr festhalten muß, vor allem nicht am Zügel, sondern daß er unabhängig von der Hand sitzen lernt. Das ist das Primäre. Gewiß läßt es sich in den ersten 10 oder 15 Stunden noch nicht ganz erreichen, sondern nur bis zu einem gewissen Grad. Es kann trotz allem Bemühen schon einmal vor-

kommen, daß der Anfänger das Gleichgewicht verliert und vom Pferd herunterfällt. In den meisten Fällen wird er auf dem Gesäß landen und feststellen, daß der Höhenunterschied gar nicht so groß ist, wie es von oben aussieht. Ernstlich wehtun kann er sich normalerweise nur, wenn er überaus ängstlich ist und sich dann beim Fallen verkrampft, fest und steif macht; dann ist auch ein Knochenbruch möglich. Bleibt er jedoch im Fallen locker, so kann es höchstens eine Flasche Wein kosten, die er dann spendieren muß. Es ist also kein Grund, sich entmutigen zu lassen, ebensowenig, wenn nach den ersten Stunden die Haut an einer oder mehreren Stellen eines bestimmten Körperteils abgeht.

Das Dressurviereck — die Bahnpunkte

Das Reiten im Gelände, im Freien, nicht gebunden an Hufschlagfiguren, ist Erholung für Pferd und Reiter. Erst allmählich erkennt der junge Reiter die Bedeutung der Arbeit auf dem Viereck. Die genaue Ausführung der Bahnfiguren ist die erste Forderung bei der Ausbildung von Pferd und Reiter. Die Hufschlagfiguren, die Übungen auf Zirkeln, Volten und Schlangenlinien gymnastizieren das Pferd, schulen das Gefühl des Reiters und fördern die Gehorsamkeit des Pferdes.

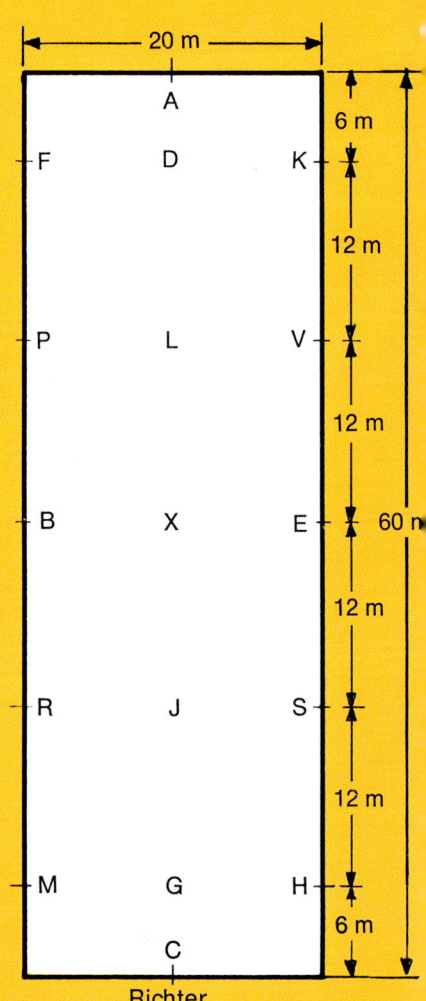

Dressurviereck
20 x 60 m

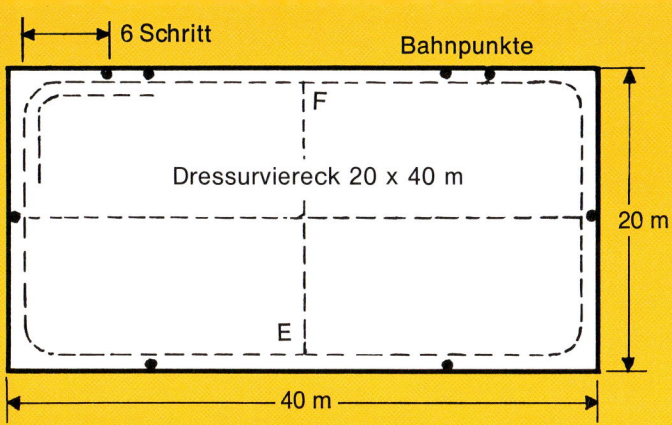

6 Schritt

Bahnpunkte

F

Dressurviereck 20 x 40 m

20 m

E

40 m

Dressurviereck und Hufschlagfiguren

Hufschlagfiguren

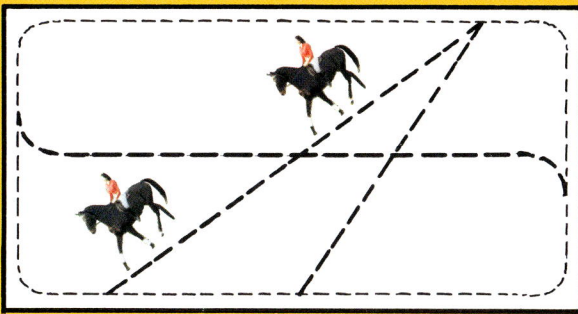

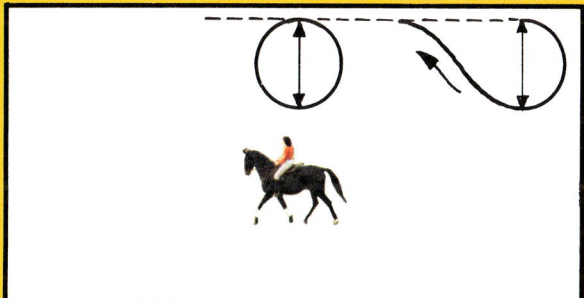

Ausgleichsport

Fast in allen Sportarten ist es zur Selbstverständlichkeit geworden, daß man sich durch ein gut abgestimmtes Fitnesstraining und gezielte gymnastische Übungen für den Hauptsport vorbereitet.

Reiten lernt man zwar auch heute noch nur durch Reiten, doch sind gesundheitliche Verfassung, Kondition, Beweglichkeit, Körperbeherrschung sowie psychische Ausgeglichenheit gute Voraussetzungen, um beim Reitsport schneller zum Erfolg zu kommen.
Der Einzelne wird sich scheuen vor der Reitstunde Lockerungsübungen auszuführen, da er möglicherweise von vielen belächelt würde. In der Gruppe ließe sich dies aber durchaus verwirklichen. Die jede Reitstunde einleitende Lösungsphase für das Pferd, scheint auch für die Losgelassenheit des Reiters zu genügen. Doch gerade der Anfänger hat sich auf eine andere, ihm und seinem Körper neue Bewegungsform und Technik einzustellen. Die besonderen Bedingungen für den Reiter bei der Einwirkung auf das Pferd durch Anspannen und Loslassen der verschiedenen Museklpartien Wirkung zu erzielen, muß ständig trainiert werden.
Daher unterscheiden wir das Training zur Erlangung der

- Losgelassenheit
- Kondition
- Stärkung einzelner Muskelbereiche.

Losgelassenheit: Zum Aufwärmen beginnen wir mit einem kurzen Lauf über den Reitplatz oder durch die Reitbahn.

Nackenpartie
- leichte Grätschstellung, Arme einstützen, Kopfkreisen nach beiden Richtungen.

Schultergürtel
- langsames Armkreisen vor- und rückwärts und windmühlenartig.
- Schulterkreisen vor- und rückwärts.
- Schultern hochziehen und fallenlassen.

Hüftpartie
- Rumpfdrehen in Grätschstellung mit eingestützten Armen.
- Beine einzeln schwingen, vor-, rück- und seitwärts.
- Stufenweise Erweiterung der Grätschstellung. Arme erst hoch, dann nach unten schwingen bis zum Boden und weit zwischen die Beine.

Handgelenke
- Arme seitwärts, Hände hängen lassen, Kreisen in beide Richtungen.

Fußgelenke
- Oberschenkel anheben bis zur waagrechten Lage — Füße kreisen in beide Richtungen.

Als Abschluß auf der Stelle hüpfen — »Hasenhüpfen«, dabei so hoch wie möglich vom Boden weg springen.

Stärkung einzelner Muskelbereiche: Rückenmuskulatur

- Grätschstellung — Arme einstützen, Oberkörper nach vorne neigen bis in die waagrechte Lage und langsam wieder aufrichten.
- Hände hinter dem Kopf falten — langsam nach unten beugen und aufrichten.
- Auf einem Bodenrick sitzend den Oberkörper mit ausgestreckten Armen nach hinten neigen bis zum Boden, aufrichten und nach vorne bis zu den Knien. Partnerhilfe zum Festhalten der Füße.
Einige dieser Übungen können auch auf dem Pferd bei den Sitzübungen oder in der Abteilung ausgeführt werden. Der Lehrer läßt die Abteilung Halten oder Schritt gehen, die Zügel knoten, damit beim Antraben eines Pferdes die Kontrolle sofort hergestellt werden kann.

Konditionstraining

Als Konditionstraining bieten sich darüber hinaus folgende Sportarten an: Lauftraining — Schwimmen — Radfahren — Tennis.

Einzelreiten

Frei reiten bedeutet nicht, daß von nun an die Reitstunden umsonst sind, sondern daß der Reitlehrer auf Grund seiner Erfahrung die Entscheidung trifft, wann er den Schüler von der Longe entlassen kann, ab wann dieser also vom »Gängelband« loskommt und »frei« reiten darf. Das wird dann der Fall sein, wenn der Reiter gelernt hat, verhältnismäßig unabhängig von der Hand zu Pferd zu sitzen, d. h. er muß sich also nicht mehr vorn festhalten. Grundsätzlich ist es für den jungen Reiter einfacher, wenn er nun in eine kleine Abteilung eingeordnet werden kann. Er braucht noch nicht allzuviel Mühe auf treibende oder verhaltende Hilfen zu verwenden, denn die Pferde kennen den Reitbetrieb, gehen mit und gehorchen der Stimme des Reitlehrers. Daher ist das Abteilungsreiten für den Anfänger der leichteste Übergang von der Longe zum selbständigen Reiten, vorausgesetzt, daß er ein williges und kein schwieriges Pferd erhält. Auf die Dauer wird er sich nicht auf das Abteilungsreiten beschränken, sondern sich auch allein in der Bahn bewegen; dabei lernt er, sein Pferd zu führen und seine Hilfen so zu geben, daß das Pferd alles ausführt.

Bei der Wendung muß der junge Reiter darauf achten, das Pferd mit der inneren Hand seitwärts hereinzufüh-

1

2

3

4

Es gibt eine Reihe von fehlerhaften Sitzmöglichkeiten zu Pferde. Die meisten lassen sich auf eine fehlerhafte Lage der Hüftpartie zurückführen, die die Haltung aller übrigen Teile des Körpers beeinflußt.

Bild 1:
Der Spaltsitz entsteht, wenn der Reiter mit zu langen Bügeln reitet und das Schwergewicht des Körpers nicht mehr auf den Gesäßknochen, sondern auf den Schenkeln ruht. Der Reiter sitzt auf den Oberschenkeln, die Einwirkung des Reiters wird dadurch sehr vermindert.

Bild 2:
Spaltsitz im Galopp.

Bild 3:
Der zweite Hauptfehler ist der Stuhlsitz. Er ist die Folge von zu kurzen Bügeln bei einem Zurückschieben der Hüftpartie. Der Reiter ist nicht in der Lage, das Pferd mit Kreuzeinwirkung zu reiten. Er treibt allein mit den Schenkeln. Als Folge der zugleich fehlerhaften Sitzbelastung kommt das Pferd vermehrt auf die Hand des Reiters.

Bild 4:
Stuhlsitz im Galopp.

ren und nicht etwa diese Hand zu seinem Körper hinzuziehen. Durch das Zurückziehen der Hand zum Körper nimmt er das Pferd aus der Bewegung heraus, wird es einfangen oder gar zum Stehen bringen. Weiterhin muß er darauf achten, daß er dabei nicht die äußere Hand seitwärts über den Mähnenkamm nimmt, da sie sonst gerade entgegengesetzt wirkt. Sie darf lediglich nach vorwärts nachgeben.

Die nächste Aufgabe besteht darin, dem jungen Reiter zu lehren, sein Pferd im Leichttraben zu treiben; und zwar jeweils nur beim Einsitzen, denn dann vermag er den Bügel zu entlasten und seine Unterschenkel — bei Bedarf auch energisch — an das Pferd heranzubringen.

Im Verlauf der weiteren Stunden wird der Reitlehrer bewußt auf den korrekten Sitz des Schülers hinarbeiten, denn nur dadurch ist es einem Reiter möglich, auf sein Pferd so einzuwirken, wie er es beabsichtigt. Voraussetzung für einen korrekten Sitz ist ein guter Sattel, und zwar möglichst ein Dressur- oder Vielseitigkeitssattel. Sein Alter spielt hierbei keine Rolle, entscheidend ist nur, ob sein tiefster Punkt in der Mitte liegt. Befindet sich dieser Punkt zu weit hinten, entwickelt sich leicht der Fehler des sogenannten Stuhlsitzes. Hierbei sitzt der Reiter mit dem Gesäß zu weit an dem hinteren Sattel-

rand, wobei ihm gleichzeitig die Beine nach vorn wegrutschen.

Der richtige oder korrekte Sitz ist nicht nur notwendig, damit der Reiter möglichst bequem zu Pferde sitzen kann, sondern er unterstützt auch das Gleichgewicht des Pferdes, das dann verloren geht, wenn der Reiter sich fehlerhaft auf dem Pferd verhält. Das Gleichgewicht des Reiters sollte immer in Übereinstimmung mit dem Gleichgewicht des Pferdes sein. Geht ein Pferd später nicht in der gewünschten Haltung oder ist der Bewegungsablauf unreguliert, so liegt dem meist ein Sitzfehler des Reiters zugrunde.

Der Springsattel ist wegen seiner vorgebauten Sattelblätter und Pauschen (Polster unter den Sattelblättern) für die erste Grundausbildung nicht ratsam; hierdurch gerät die Schenkellage zu weit nach vorn, was der Balance abträglich ist. Darüber hinaus befinden sich am hinteren Sattelrand der meisten Springsättel noch Polsterungen, die es dem jungen Reiter nicht ermöglichen, sein Knie und damit den Unterschenkel weit genug nach hinten zu bringen. Als ein weiterer Sitzfehler ist der sogenannte Spaltsitz anzusehen. Er entsteht dadurch, daß der Reiter seine Beine zu lang nach unten streckt, dadurch sein Gewicht nicht auf die beiden Gesäßknochen, sondern in erster Linie auf die Oberschenkel

abgibt. Die hierdurch sich ergebende Entlastung des Gesäßknochens schwächt die Einwirkung des Reiters ab.

Losgelassenheit

Der korrekte Sitz ist aber auch von der Losgelassenheit des Pferdes abhängig. Jeder wird schon beobachtet haben, daß die Teilnehmer an Hochleistungs-Wettbewerben sich vorher lösen; so laufen sich Läufer vorher warm oder liegen mit dem Rücken auf dem Rasen und lockern ihre Beinmuskulatur. Die Muskulatur der Pferde folgt den gleichen Gesetzmäßigkeiten. Standen sie längere Zeit im Stall und werden dann geritten, so gehen sie zunächst etwas gespannt. Es ist nun Aufgabe des Reiters, die gespannte Pferdemuskulatur zum Lösen und Entspannen zu bringen; erst wenn eine gewisse Losgelassenheit erreicht ist, vermag der Reiter bequem und locker auf dem Pferd zu sitzen. Für den jungen Reiter ist es nicht ganz einfach, zu einer solchen Losgelassenheit zu kommen. Das Mittel hierzu sind die sogenannten lösenden Übungen. Sie beginnen bereits mit dem Anreiten, indem der Reiter sein Pferd am langen Zügel mit langem Hals im Schritt gehen läßt. An der Longe waren die Pferde ausgebunden, sie bleiben auch beim

Einzelreiten vorläufig ausgebunden, und zwar aus folgendem Grund: Der junge Reiter kann sein Pferd noch nicht so weit beherrschen, um eine ständige Verbindung zwischen Reiterhand und Pferdemaul zu halten. Es bleibt nicht aus, daß er immer einmal versucht, mit Hilfe der Zügel seine Balance zu erhalten. Das bedeutet eine Störung des Pferdemauls; dadurch wird das Pferd unruhig, es geht verspannt, und der Reiter kommt nicht zum korrekten Sitz.
Die Losgelassenheit eines Pferdes wird in hohem Maße von der ruhigen Handhaltung des Reiters beeinflußt, die wiederum von dessen Geschmeidigkeit abhängt. Kann er geschmeidig sitzen, vermag er auch seine Hände ruhig hinzustellen, und zwar etwa eine Handbreit über dem Widerrist. Bei unruhigen Händen ist die Ursache immer in der Hüfte zu suchen, wo sich der Reiter fest und steif macht; gelegentlich auch in der Schulter. Unruhige Hände stören das Pferd fortgesetzt im Maul. Ein solches Pferd wird natürlich nicht bereit sein, willig vorwärts zu gehen, sondern verkrampft oder festgehalten, und das wiederum auf Kosten der Geschmeidigkeit des Reiters. Auf einem nicht losgelassenen Pferd ist ein korrekter Sitz unmöglich.
Nach der Schrittarbeit werden die Zügel aufgenommen, und der Reiter beginnt mit dem Leichttraben, das

ebenfalls als eine lösende Übung anzusehen ist, da er nur bei jedem zweiten Takte einsitzt. Dadurch belastet er den Rücken des Pferdes nicht ständig.

Schenkelweichen

Eine weitere lösende Übung bedeutet das Schenkelweichen; hierbei wird das Pferd in einem Winkel von 45° mit dem Kopf zur Bande einer langen Seite abgestellt. Das gelingt dem jungen Reiter erst dann, wenn er es gelernt hat, seinen der Bande zugewandten Schenkel zwei Handbreit hinter den Gurt zu legen, mit ihm einen Druck auszuüben und ihn somit als seitwärts treibenden Schenkel wirken zu lassen, und zwar solange, bis das Pferd willig darauf eingeht und der Winkel von 45° erreicht ist. Eine stärkere Abstellung ist zu vermeiden, da das Pferd dann zu stark seitwärts tritt und nicht mehr seitwärts-vorwärts. Diese Übung verlangt schon einige Kraft als Schenkeldruck. Verfügt er noch nicht über genügend Kraft, so darf er die Reitgerte zu Hilfe nehmen, die an der gleichen Stelle wie der Schenkel einzuwirken hat. Sie dient also lediglich zur Verstärkung der nicht ausreichenden Schenkelhilfe, aber keinesfalls als Strafe für das Pferd. Wofür auch? Der andere Schenkel bleibt ruhig an seiner

**Schenkelweichen
in der Abteilung**

Das Schenkelweichen fördert die Losgelassenheit eines Pferdes und ist an
den Anfang einer Reitstunde zu
stellen. Es kann in der Abteilung und
einzeln geübt werden. Das Zusammenwirken der Schenkel und Gewichtshilfen ermöglichen die korrekte Ausführung dieser Lektion.

Bild 1:
In der Abteilung Schenkelweichen
links.

Bild 2:
In der Abteilung Schenkelweichen
rechts.

Bild 3:
Richtige Ausführung.

Bild 4:
Falsch: Das Pferd ist zu stark im Hals
gestellt, das Pferd entzieht sich, indem
es über die linke Schulter ausweicht.

Bild 5:
Falsch: Das Pferd geht nicht vorwärts-
seitwärts, sondern mehr seitwärts,
dadurch wird das eigentliche Ziel
dieser Übung — die Losgelassenheit
des Pferdes — nicht erreicht.

**Schenkelweichen
einzeln**

Lage des seitwärts treibenden Schenkels
Stellung des Pferdes zum seitwärts treibenden Schenkel

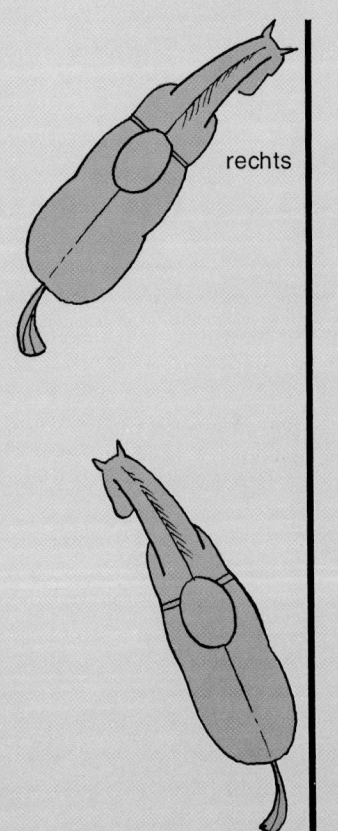

Schenkelweichen

rechts   links

Schenkelweichen
links mit von der Bande
abgestelltem Pferd

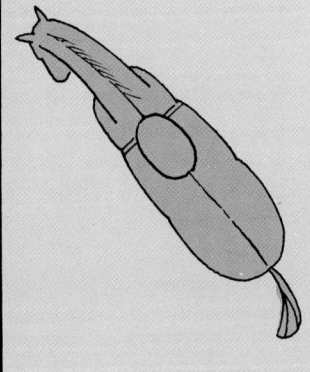

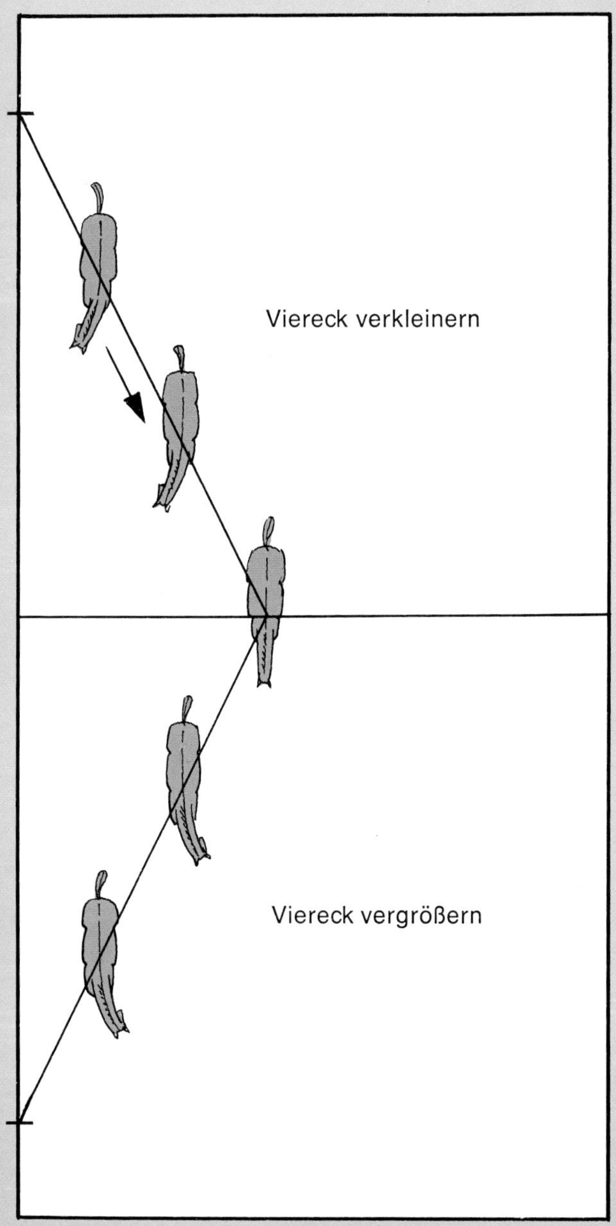

Viereck verkleinern

Viereck vergrößern

bisherigen Stelle liegen und hält die Fühlung mit dem Pferdeleib aufrecht. Gelingt es dem Reiter, den Schritt des um 45° abgestellten Pferdes in seinem Fleiß zu erhalten, so wird es sich auch im Hals zum seitwärts treibenden Schenkel stellen. Bei einer zu starken Abstellung im Hals entzieht sich das Pferd der Reitereinwirkung; ein Fehler, der übrigens häufig gemacht wird, da der junge Reiter dazu neigt, die Abstellung seines Pferdes nicht durch seinen Schenkeldruck, sondern mit einem Ziehen an dem Zügel zu bewirken. Dadurch hemmt er die Vorwärtsbewegung, das Pferd geht über die äußere Schulter weg, und die Abstellung von 45° wird dadurch immer schwieriger, wenn nicht unmöglich.

Das Schenkelweichen kann dann umgekehrt ausgeführt werden, das heißt vom Hufschlag ab, wobei der Pferdekopf in das Innere der Reitbahn zeigt. Auch hier muß das Pferd im Hals zum seitwärts treibenden Schenkel gestellt sein. Ein korrekter Sitz wird sich gerade hier vorteilhaft auf die Hilfengebung auswirken.

Vorhandwendung

Eine weitere lösende Übung mit dem seitwärts treibenden Schenkel ist die Vorhandwendung. Hierfür hat das Pferd zunächst neben dem Hufschlag

zu halten, der Reiter hat es dann so um seine Vorhand zu wenden, daß es nachher in entgegengesetzter Richtung steht. Bei der korrekten Ausführung darf sich das Pferd nicht nach vorwärts entziehen. Es ist jedoch als geringerer Fehler anzusehen, wenn es dabei vorübergehend etwas zurücktritt. Auch hier muß das Pferd zum seitwärts treibenden, zwei Handbreit hinter dem Gurt liegenden Schenkel gestellt werden.

Eine korrekte Ausführung der Vorhandwendung ist nur dann möglich, wenn der Reiter die richtige Reihenfolge der Hilfengebung kennt und einhält:

- Absolutes ruhiges Stehen — Entspannung von Pferd und Reiter.
- Anstehenlassen des äußeren Zügels — leichte Stellung mit dem inneren Zügel.
- Der innere, seitwärts treibende Schenkel leitet die Wendung ein.
- Gleichmäßiges Übertreten im Takt.
- Ruhiges, gerades Stehen nach Beendigung.

Kardinalfehler:

- Das Pferd wird vermehrt mit dem inneren Zügel gewendet statt mit dem inneren, seitwärts treibenden Schenkel; folglich tritt eine zu starke Stellung ein und das Pferd reagiert nicht mehr auf den seitwärts treibenden Schenkel.

Gertenhilfe

Mit dem Vergnügen, endlich frei zu reiten, wachsen leider auch die Schwierigkeiten. Zu den häufigsten gehört die Vorliebe vieler Pferde, die Ecken stark abzurunden oder gar nach innen zu kommen. Gewöhnlich wird der junge Reiter noch nicht so weit sein, sein Pferd mit dem inneren Schenkel nach auswärts und vorwärts zu führen. Dann darf er die Gerte als Verstärkung seiner nicht ausreichenden Schenkelhilfe benutzen. Das richtige Maß seiner Gerten-Nachhilfe wird er rasch herausfinden. Normalerweise wird er zunächst etwas vorsichtig damit umgehen, solange er sein Pferd noch nicht genau kennt, um nicht etwa ein schlummerndes Pulverfaß zum Leben zu erwecken. Wie bereits betont, soll die Gerte an der gleichen Stelle wie der Schenkel einwirken, nicht an der Pferdeschulter. Die innere Hand wird etwas im Handgelenk gedreht, geht nach innen herein und führt die Gerte über den Oberschenkel des Reiters nach hinten, so daß die Gertenspitze den Pferdeleib an der Flanke berührt.

Eine weitere häufige Schwierigkeit zeigt sich beim Galoppieren, wenn manche Pferde nach einigen Sprüngen wieder in Trab oder gar Schritt verfallen. Auch hier findet die Gerte wieder ihr Betätigungsfeld, was jeder Reitlehrer befürworten wird; ein

| 1 | 2 | 3 | 4 |

| 5 | 6 | 7 | 8 |

Vorhandwendung

Bildreihe:
Die Vorhandwendung in verschiedenen Phasen der Ausführung dargestellt, gelingt gut, das Pferd bleibt dabei an den Hilfen.

Das Bild läßt deutlich erkennen, daß dieses Pferd nicht an den Hilfen ist. Eine korrekte Vorhandwendung kann somit nicht gelingen. Korrektur: erneutes Anreiten, neue Aufstellung, Neubeginn der Übung.

übertriebenes Arbeiten des Oberkörpers dagegen vermag die Vorwärtsbewegung eines Pferdes nicht zu erhalten, sondern nur der innere treibende Schenkel. Reicht dessen Kraft für einen freieren Galopp nicht aus, verzichtet der Reiter aber auf die Unterstützung der Gerte und versucht, mit dem Oberkörper treibend nachzuhelfen, so führt das leicht zu Sitzfehlern. Bestehen große Schwierigkeiten, so wird der Reitlehrer ein Einsehen haben und nicht zu lang hintereinander galoppieren lassen.

Noch ein Wort zur Gerte selbst: sie sollte eine Länge von etwa 0,80 bis 1,00 m haben, braucht jedoch kein Schmuckstück mit Silberknopf und Monogramm zu sein. Entscheidend ist lediglich ihre Handhabung. Selbst ein einfaches Haselnußstöckchen kann eine vorzügliche Wirkung ausüben.

Halbe und ganze Paraden

Ausdrücklich soll betont werden, daß treibende Hilfen und Zügelwirkung harmonisch aufeinander abzustimmen sind. Man kann es kurz zusammenfassen: der Reiter kann reiten, der es versteht »abzustimmen«, also das richtige Verhältnis des Treibens und der annehmenden Zügel zu finden. Das erst macht das Gefühl des Reitens aus und ist wegen seiner außerordentlichen Wichtigkeit von Anfang an zu lehren und zu beachten. Ist also die Einwirkung des jungen Reiters noch schwach, bedarf es auch geringerer Einwirkung der Zügel. Wird beispielsweise vom Trabe zum Schritt durchpariert, so setzen die annehmenden Zügelhilfen ein; wir nennen sie halbe Parade. Die kleinen Finger werden dabei ein wenig in Richtung des Körpers geführt. Niemals dürfen sie aus einem Ziehen des Reiters am Zügel bestehen, da ihre Wirkung entweder durch ein Sichspannen des Pferdes aufgehoben wird oder gar seinen Widerstand erzeugt. Das gleiche gilt für die ganzen Paraden zum Halten, die aus der Hilfengebung mehrerer halber Paraden erfolgen müssen. Um eine solch unerwünschte Reaktion des Pferdes zu verhindern, muß nach jeder halben Parade ein Nachgeben der Hand in Richtung Pferdemaul erfolgen, ohne jedoch die Verbindung dazu ganz aufzugeben. Zu harte Paraden können beim Halten sogar ein Zurücktreten verursachen. Ein williges und gut gerittenes Pferd wird also auch gehorsam auf die fehlerhafte Hilfengebung eines ungeübten Reiters eingehen.

Dadurch wird jedem klar, daß wir es hier nicht mit einem mechanischen »Sportgerät« zu tun haben, an dem bestimmte Übungen gelernt werden, sondern mit einem Lebewesen, das entsprechend dem Verhalten seines Reiters reagiert. Der nachdenkende Reiter wird daher den Fehler immer erst bei sich selbst suchen und nicht etwa beim Pferd. Eine solche innere Einstellung, verbunden mit guter Veranlagung, berechtigt zu der Hoffnung, ein guter Reiter zu werden. Früher glänzten Kavalleristen oft durch ihre schmucken Uniformen, was die Kameraden von der Infanterie zu der liebenswürdigen Äußerung veranlaßte: „Na ja, die Reiter haben ihren Verstand ja nur im Hintern!« Um ein guter Reiter zu werden, bedarf es Talent und jahrelanger Erfahrung. Langjährige Übung ohne richtige Veranlagung und Ausbildung formen gewiß auch einen sicheren Reiter, der ein Pferd annähernd beherrscht und sich in jeder Situation helfen kann. Aber letztlich fehlen die Harmonie und das Vertrauen des Pferdes zu seinem Reiter. Ein ausgezeichneter Reitlehrer formulierte es einmal treffend: »Es gibt Schmiede und Goldschmiede!« Gemeint ist damit, daß nicht das jahrelange Reiten allein schon einen guten Reiter ergibt. Dazu gehören außerdem noch Feinfühligkeit und ständiges Arbeiten an sich selbst sowie Nachdenken über die eigenen Fehler und die Möglichkeiten, sie abzustellen.

Im Verlauf des Unterrichts wird der Reitlehrer sein Augenmerk ständig darauf lenken, den Sitz des Reiters

Das Abteilungsreiten gilt vornehmlich Anfängern, und zwar solange, bis diese ihre Pferde beherrschen und in der Lage sind, ein gleichmäßiges Tempo sowie saubere Hufschlagfiguren zu reiten. Bei fortgeschrittenen Reitern ist das Einzelreiten die Regel.

Bild 1:
Aufmarschieren mit einer Pferdelänge Zwischenraum. Der Zwischenraum wird von Bügel zu Bügel gemessen.

Bild 2:
Aufmarschieren ohne Zwischenräume.

Bild 3:
Das Reiten in der Abteilung veranlaßt die Reiter die Abstände einzuhalten und gibt dem Lehrer Aufschluß über die derzeitige Intensität der Gruppe. (Aufmerksamkeit, Mitarbeit und Rittigkeit der Pferde.)

zu festigen; den einzelnen Lektionen läßt er immer wieder Schrittreprisen folgen, damit Pferd und Reiter nicht ermüden und die Konzentration nicht nachläßt. Es ist besser, kürzere Lektionen, aber ihre genaue Ausführung zu verlangen, als den Schüler durch lange Lektionen zu ermüden. Zu große Abteilungen ermöglichen es dem Reitlehrer nicht, sich dem einzelnen Schüler genügend zu widmen; daher sollten die Abteilungen nicht mehr als 6–8 Reiter umfassen. Am besten ist es, wenn alle Teilnehmer einer Abteilung sich im gleichen Ausbildungsstand befinden. Leider ist das nicht immer der Fall, da ältere erfahrene Reiter oft mit Anfängern zusammen eine Abteilung bilden. Ein sinnvoller Aufbau der Stunde ist dann nicht möglich, da der Lehrer den Unterricht immer nach dem schlechtesten Schüler ausrichten muß. Hier muß der erfahrene Reiter die Möglichkeit erhalten, sich durch das Reiten von Einzelaufgaben weiterzubilden. Das Abteilungsreiten ist unbedingt dann aufzugeben, wenn die Reiter in der Lage sind, ihre Pferde auf ein bestimmtes Ausbildungsziel selbst vorzubereiten.

Die größeren Pferde und solche mit viel Vorwärtsdrang gruppiert man am besten an den Anfang einer Abteilung, während man die Anfänger an das Ende anhängt; sie haben das verlangte Tempo, aber auch die Abstände einzuhalten. Der Abstand beträgt zwei Pferdelängen, gemessen vom Schweif des vorderen Pferdes bis zum Kopf des eigenen. Dieses Abstände-Einhalten ist für den jungen Reiter bereits der Beginn intensiven Reitens, denn er muß regulieren, also einerseits vermehrt treiben oder vorläufig durch Abrunden der Ecken die notwendigen Abstände beibehalten. Wie stellt man den richtigen Abstand zu dem Vorderpferd fest? Schaut man durch die beiden Ohren seines Pferdes, so muß man die Hinterhufe des vorderen Pferdes sehen. Der junge Reiter lernt nun, seine Hilfen so einzurichten, daß einmal die Schenkel stärker einwirken, ein andermal die halben Paraden folgen. Auf Grund der Korrekturen des Lehrers wird er gezwungen, die Hufschlagfiguren nun genauer auszureiten, also beispielsweise das Pferd mit dem inwendigen Schenkel tiefer in die Ecken hineinzureiten, wobei beide Hände etwas nach außen geführt werden, die innere Hand jedoch niemals über den Mähnenkamm gehen darf. Durch das allmählich stärker werdende Treiben des jungen Reiters wird auch das Pferd energischer in seiner Trittfolge und geht allmählich schwungvoller. Er wird nun auch schon aufgefordert werden, an der nächsten langen Seite etwas zuzulegen, das heißt das Tempo zu verstärken; das ist nur möglich durch stärkeres Einwirken der Schenkel, gegebenenfalls unter Zuhilfenahme der Gerte.

Kreuzhilfen

Dem jungen Reiter fällt es sicherlich auf, daß der Reitlehrer ihn immer wieder auffordert, seinen Körper senkrecht zu halten. So wird er im Laufe der Zeit dazu gebracht, »mit Kreuz« zu reiten. Wenn er seinen Oberkörper senkrecht hält, sein ganzes Gewicht gleichmäßig losgelassen auf beide Gesäßknochen verteilt und mit ihnen in die Bewegung des Pferdes eingeht, wird er spüren, daß er dadurch einen Druck nach vorwärts ausüben kann und sein Pferd zum Vorwärtsgehen veranlaßt. Das läßt sich am leichtesten im Schritt erlernen, weil der Reiter da nicht geworfen wird. Im Trabe kann er erst dann mit Kreuz reiten, wenn er einen gefestigten Sitz hat. Dasselbe gilt für den Galopp. Reitet er mit klappendem Gesäß, d. h. es ist zeitweise eine Handbreit über dem Sattel, kann er nur schwer gleichzeitig mit dem Kreuz einwirken. Ein sehr sensibles Pferd wird zwar das Einklappen des Reiters als Druck und einwirkende Hilfe empfinden, aber es wird seinem Reiter weglaufen. Im Schritt, als einer schwunglosen Gangart, fällt es also dem jungen Reiter leichter, seine Kreuzeinwirkung zu erfühlen.

Er versucht also, durch leichtes Anspannen der Muskulatur — jedoch ohne die geringste Verkrampfung — den Druck aus der Hüfte heraus in Richtung vorwärts zu verstärken, und zwar in Verbindung mit einem vermehrten Schenkeldruck. Sein Pferd wird daraufhin antraben oder im Schritt fleißiger ausschreiten. Er muß also bemüht sein, bei senkrechtem Oberkörper losgelassen seine Hüfte ständig an die beiden Fäuste heranzuschieben. Der dadurch erzeugte Druck entspricht einer Hebelwirkung nach vorwärts, auf die das Pferd von hinten nach vorn eingeht. Der eine Reiter wird dieses Anspannen des Kreuzes leichter und früher erfühlen als der andere; aber es ist das A und O der aktiven Einwirkung.

Während der weiteren Ausbildung wird der Lehrer darauf achten, daß die Schenkel niemals unruhig sind, sondern gleichmäßig flach am Pferdeleib anliegen. Bei etwas fauleren Pferden verfällt der Reiter sehr leicht in den Fehler, mit klopfenden Schenkeln zu reiten, eine Angewohnheit, die später nur sehr schwer wieder abzustellen ist. Es ist daher besser, mehr von der Gerte Gebrauch zu machen, als sich das »Bolzen« anzugewöhnen. Die Kreuzhilfen bedeuten eine Verstärkung der Schenkelhilfen. Durch das verstärkte Treiben wird die Hinterhand des Pferdes mehr engagiert, wenn anfangs auch nur begrenzt; dadurch wird es energischer abfußen und seinen Schwung verbessern. Das ist ein wesentlicher Beitrag zur Sitzkorrektur des Reiters, denn ein schwungvoll gehendes Pferd läßt den Reiter auch gut sitzen. Der Schwung ist für ihn einmal fühlbar, er kann angenehmer sitzen, denn Schwung kommt von Schwingen, und zwar des Rückens. Zum anderen ist er für ihn bei anderen Reitern sichtbar; bei schwunglos gehenden Pferden werden die Hinterbeine nachgezogen. Im Hufschlag zeigen sich tiefe Furchen, weil die Hufe nachschleifen und die Sägespäne vor sich herschieben, während das schwungvolle Pferd abfußt und ausdrucksvoll tritt. Erst wenn der Reiter dieses Stadium erreicht hat, nämlich sein Pferd schwungvoll zu reiten, können die Ausbindezügel abgenommen werden; denn erst zu diesem Zeitpunkt ist er in der Lage, ein Pferd an den Zügel heranzustellen. Der Reitlehrer wird erkennen, wann dieser Zeitpunkt gekommen ist, und dann gegen Ende der Stunde die Ausbindezügel abnehmen lassen, wenn das Pferd bereits losgelassen und schwungvoll geht. Dann lernt der Reiter, sein Pferd an das Gebiß heranzureiten.

Anlehnung

Der Reiter hat nun beobachtet, wie ein Pferd ausgebunden wurde, und daß die Stirnlinie des Pferdekopfes in der Bewegung eine Handbreite vor der Senkrechten oder durch den Ausbindezügel bis an die Senkrechte gebracht wurde. Die Anlehnung, die Verbindung zum Pferdemaul, hat der Reiter gleichmäßig hergestellt, und nun wird der Ausbindezügel entfernt, das Pferd soll jedoch diese Kopfhaltung beibehalten. Das nennt man Beizäumung, an die Hand stellen, an den Zügel reiten oder an das Gebiß heranreiten. Da in den meisten Fällen diese Verbindung oder Anlehnung vom jungen Reiter nicht gleichmäßig erhalten werden kann, wird das Pferd sich als Folge vom Zügel frei machen, den Kopf weit vor die Senkrechte nehmen. Deshalb sind die gleichmäßige Verbindung zum Pferdemaul und das gleichzeitige Herantreiben an den Zügel besonders zu beachten. Ist die treibende Einwirkung zu schwach, geht auch die Beizäumung verloren. Die vortreibenden Hilfen müssen also immer stärker und ständig über dem Zügelmaß stehen und annehmende Zügelhilfen, wie halbe Paraden, dürfen nur im Zusammenhang mit den vortreibenden Hilfen, nämlich Kreuz und Schenkel, gegeben werden. Es sind die glücklichsten Augenblicke eines jungen Reiters, wenn es ihm gelang, ein Pferd an den Zügel zu reiten, auch wenn es nur für einige Momente war. Aber gerade diese kurzen Augenblicke vermitteln ihm das richtige Gefühl, das er nunmehr anstreben wird. Kann ein Reiter noch nicht genügend einwirken, wird er meist zuviel mit den Händen arbeiten, also versuchen, den Pferdekopf mit Gewalt herunterzuziehen. Damit fordert er aber nur den Unwillen und Widerstand seines Pferdes heraus. Dieses Bestreben führt auch dazu, daß der erworbene gute Sitz zum Teil wieder verloren geht. Durch die zu stark annehmenden Hände fällt der Reiter im Oberkörper zu weit nach vorn, zieht die Hände in den Leib und das Gesäß wird aus dem Sattel nach hinten herausgebracht. Somit geht der tiefe Sitz verloren, die Knie werden hochgezogen und letztlich wird dadurch die Einwirkung des Reiters entscheidend vermindert. Gelingt es einem Reiter, sein Pferd an die Hand zu stellen, so muß er darauf achten, die Verbindung zum Pferdemaul so leicht wie möglich herzustellen, das heißt, er muß bemüht sein, den Pferdehals vorzulassen, also nachzugeben, aber immer nur soviel, daß die Verbindung zum Pferdemaul nicht aufgegeben wird und der Reiter mit dem Oberkörper nicht vor die Senkrechte gelangt. Nach diesen wiederholten Versuchen wird er feststellen können, daß Pferde den Weg in die Tiefe, also

die Anlehnung zur Hand des Reiters suchen und dies der natürlichen Art des Pferdes unter dem Reiter entspricht. Geht diese Anlehnung verloren, muß sie ständig durch Herantreiben neu gewonnen werden, wobei die Stärke der Anwendung dieser Hilfen von der Rittigkeit, dem Temperament des Pferdes, jedoch auch vom Gefühl des Reiters für die Anwendung abhängt. Diese richtige Anlehnung wird also nicht durch Kraft erzwungen, sondern ist das Ergebnis sinn- und gefühlvollen Reitens. Nur dem erfahrenen Reiter gelingt es, bei vorübergehender starker Anlehnung einem Pferd den Weg in die Tiefe zu zeigen.

Gewichtshilfen

Auf diese Art der Hilfengebung wurde aus bestimmten Gründen noch nicht eingegangen, obwohl sie mit an den Anfang der reiterlichen Ausbildung gehört. Hat ein Reiter noch kein gefestigtes Gleichgewichtsgefühl, somit keinen idealen Sitz, kann er folglich auch mit seinem Gewicht noch nicht viel anfangen. In den ersten Longestunden hat der junge Reiter ständig das Gefühl, daß er nach außen rutscht, besonders beim ersten Galoppieren. Eine Grundlage für die Anwendung der Gewichtshilfen ist somit erst dann gegeben, wenn der Reiter losgelas-

sen auf beiden Gesäßknochen sitzt und ihm dieses Gefühl voll zum Bewußtsein gelangt. Oftmals wird er diese Hilfen übertreiben und als Folge meistens in der Hüfte einknicken. Der nach den Bemühungen und Vorstellungen des Reiters nun belastete Gesäßknochen wird entlastet und das Gewicht des Reiters verlagert sich in die entgegengesetzte Richtung. Beim Angaloppieren wirkt der innere treibende Schenkel gegen den verwahrenden äußeren Schenkel in Verbindung mit dem inneren Gesäßknochen, der mehr als der äußere zu belasten ist. Dabei darf der Reiter nicht in der inneren Hüfte einknicken, denn gerade dieser Fehler ist mit eine der Ursachen falschen Angaloppierens. Beim Schenkelweichen und der Vorhandwendung wurde über die Bedeutung und Wirkung des seitwärts treibenden Schenkels gesprochen, nicht erwähnt wurden die Gewichtshilfen, die in Verbindung, also zusammen mit dem Druck des seitwärts treibenden Schenkels erfolgen. An beide Dinge gleichzeitig zu denken und diese Hilfen zu geben, fällt dem jungen Reiter anfangs schwer. Bei beiden Lektionen muß der Gesäßknochen zum seitwärts treibenden Schenkel mehr belastet werden. Also zum Beispiel beim Schenkelweichen rechts den Gesäßknochen rechts mehr belasten und rechts seitwärts

Volte

Deutlich erkennbare Biegung des Pferdes in der Volte, die durch die vermehrte Belastung des inneren Gesäßknochens noch unterstützt wird.

1

2

3

Biegung Richtig in eine Wendung gestelltes Pferd
mit gleichmäßiger Längsbiegung

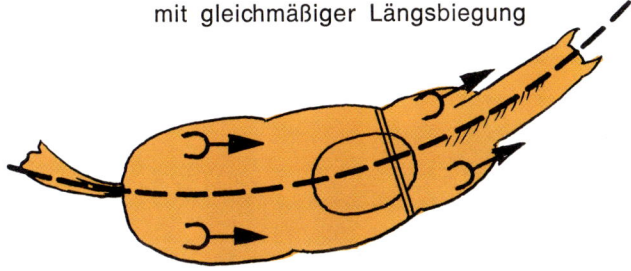

Stellung Richtig nach innen gestelltes Pferd
als Vorbereitung zum Angaloppieren links

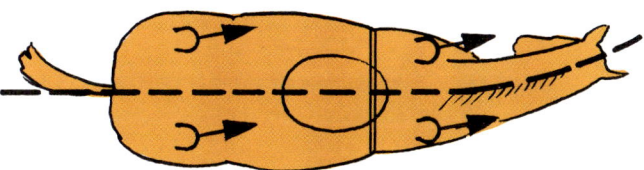

Gerade gerichtetes Pferd

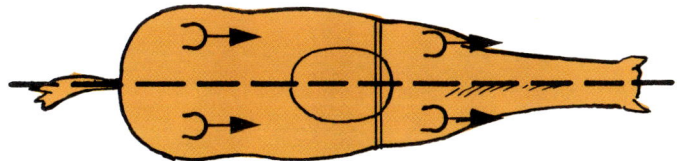

treiben (nicht in der Hüfte einknicken). In einer Reitbahn kann man ja nun nicht ständig geradeaus reiten, und man steht vor jeder Ecke vor dem Problem einer Wendung. Auch hier muß der Reiter bemüht sein, den inneren Gesäßknochen mehr zu belasten. Durch die Zentrifugalkraft würde er sonst immer etwas nach außen getragen werden. Haben wir gelernt, in einer Wendung auch auf die Belastung des inneren Gesäßknochens zu achten, so muß nun auch die neue Richtung stimmen. Ein Pferd muß mit Kopf und Hals leicht in die veränderte Richtung gestellt sein. Die innere Hand erwirkt diese leichte Stellung, wobei die äußere ein wenig vorgeht, ohne daß jedoch die äußere Verbindung zum Pferdemaul aufgegeben wird. Der innere Schenkel muß gegebenenfalls ein Hereinkommen des Pferdes durch vermehrten Druck verhindern. Eine leichte Stellung nach innen gibt der Reiter dem Pferd ja auch beim Angaloppieren, wobei im Augenblick des Angaloppierens die innere Hand etwas vorgeht, ohne jedoch die Verbindung aufzugeben, lediglich eine Hilfe, um den Galoppsprung herauszulassen. Versäumt der Reiter diese Vorbereitung und ist ein Pferd sogar nach außen gestellt, so ist ein falsches Angaloppieren die Folge. Wie fühlt nun ein Reiter den richtigen oder den falschen Galopp? Denken wir zurück: Beim

Angaloppieren und im Galopp liegt der treibende, innere Schenkel am Gurt, der äußere, verwahrende hinter dem Gurt. Bei losgelassenem Sitz des Reiters wird es ihm nicht schwerfallen, diese Schenkellage beizubehalten, und er wird mit seinem Gesäß weich in die Vorwärtsbewegung hineingleiten, wobei er den inneren Gesäßknochen etwas mehr belastet. Galoppiert ein Pferd im falschen Galopp an — das falsch bezieht sich nicht auf den Takt eines Pferdes im Galopp — so wird ihn das Pferd gerade entgegengesetzt zu diesem seinem Sitz setzen, und der Reiter hat nicht mehr das Gefühl, bequem zu sitzen, sondern empfindet bei jedem Galoppsprung einen leichten Stoß in der Hüfte und im Rücken. Er wird auch durch einen Blick auf die Schulter des Pferdes feststellen können, daß nicht

die innere Schulter etwas mehr vorgreift, sondern die äußere.
Während der junge Reiter beim Leichttraben die Vorwärtsbewegung ausschließlich durch die Unterstützung beider Schenkel erreicht, muß er nun lernen, beim Leichttraben auch mit dem Kreuz einzuwirken. Er richtet sich im Oberkörper mehr auf und schiebt bei weichem Einsitzen die Hüfte gleichzeitig nach vorwärts. Damit setzt auch hier die Kreuzeinwirkung ein, die wesentlich zur Aufrichtung eines Pferdes beiträgt.

Die Gewichtshilfen werden eingeteilt in:

■ beidseitig belastend
bei vermehrtem Treiben —
halben und ganzen Paraden —
Tempoübergängen

■ einseitig belastend
bei Schenkelweichen —
Vorhandwendung —
beim Angaloppieren —
in allen Wendungen
■ entlastend
Leichttraben —
Rückwärtsrichten —
Leichter Sitz —
Springen

In der Zwischenzeit vermag der junge Reiter sein reiterliches Können richtig einzuschätzen und verspürt den Drang nach neuen Taten. Aus den Gesprächen mit anderen Reitern kann er entnehmen und sich vorstellen, wie schön es sein muß, nun nicht ausschließlich in der Bahn zu reiten, sondern auf dem offenen Reitplatz, im Gelände oder gar zu springen.

Bild 1:
Die Lage der Schenkel im Linksgalopp. Der verwahrende Schenkel liegt hinter dem Gurt und verhindert ein Ausweichen der Hinterhand nach rechts.

Bild 2:
Der innere Schenkel liegt am Gurt und ist jederzeit bereit, den Galoppsprung zu erhalten und anzuregen.

1

2

Leichter Sitz

Das Geländereiten wird schon in der Bahn vorbereitet. Der Lehrer erklärt nun den leichten Sitz, der sich äußerlich vom normalen Dressursitz darin unterscheidet, daß die Bügel um 3—4 Loch kürzer geschnallt werden. Im Halten muß das Gesäß eine Handbreit aus dem Sattel genommen werden; das ist für den Reiter nur möglich, wenn er den Oberkörper leicht vorneigt und mit seinem ganzen Gewicht den Bügel belastet, sich somit in der gewünschten Haltung ausbalanciert. Als Erleichterung darf der junge Reiter den Bügel bis zum Absatz durchschieben. Diese Hilfe muß aber bald wieder verschwinden und der Bügel wieder an der breitesten Stelle des Fußes aufgenommen werden. Dieses leichte Aufstehen aus dem Sattel und das Abgeben des Gewichtes in den Bügel muß solange geübt werden, bis der Reiter das Gleichgewicht gefunden hat. Dazu müssen jetzt auch die Knie des Reiters geschlossen werden, weil Sitz und Halt am Sattel dadurch sehr verbessert werden. Der leichte Sitz wird zuerst im Schritt geübt. Der junge Reiter darf als Hilfe die Hände am Widerrist des Pferdes aufstützen, muß aber immer darauf achten, daß er das Gesäß dadurch nicht zu hoch aus dem Sattel nimmt, da er sich sonst in der Hüfte steif macht. Natür-

Der leichte Sitz findet seine Anwendung beim Anreiten junger Pferde, im Gelände, beim Springen. Der entlastete Pferderücken bringt das junge Pferd besser ins Gleichgewicht, schont das Pferd im Gelände und ermöglicht beim Springen ein harmonisches Anpassen an die Springbewegung des Pferdes.
Die optimale Lage des Knies ergibt sich aus der richtigen Bügellänge.

lich ist dieser Sitz zunächst neu und ungewohnt, daher auch anstrengend, aber eine zu große Anstrengung deutet stets auf eine Verkrampfung des Reiters hin. Der Lehrer wird hier vorbeugen und diese Übungen nicht zu lange ausführen lassen.

Wann ist nun der richtige Zeitpunkt gekommen, um mit dem leichten Sitz erstmals zu beginnen? Erst dann, wenn der junge Reiter sich im Dressursitz richtig wohlfühlt, Sicherheit gewonnen und Einwirken gelernt hat. Im Gelände werden die Steigbügel jedoch nur zwei Loch kürzer geschnallt. Das hat den Zweck, den Rücken des Pferdes zu entlasten, ohne daß der Reiter schnell ermüdet und sich steif macht. Es ist daher ratsam, daß er den leichten Sitz vor dem Geländereiten erlernt; dadurch werden seine Geschmeidigkeit und Einwirkung schneller erreicht und verbessert.

Der leichte Sitz kann auch beim Reiten in der Bahn erlernt, geübt und verfeinert werden. Das leichte Konditionstraining von Spring- und Vielseitigkeitspferden wird in den Wintermonaten vorwiegend in der Bahn stattfinden müssen.

Der Oberkörper wird jeweils nur soweit aus der geschmeidigen Hüfte nach vorwärts geneigt, bis der Schwerpunkt des Reiters in der Galoppade mit dem Pferd in Übereinstimmung ist und in den Wendungen nicht belastend für die Vorhand wird.

Bügellänge beim Springreiten

Bügellänge beim Dressurreiten

Bügellänge beim Geländereiten

Anwendung und Wirkung der Schenkelhilfen

vor treibend	seitwärts treibend	verwahrend
Von hinten nach vorn — beim Übergang vom Stehen zur Bewegung, zur Temposteigerung — Aktivierung der Hinterhandtätigkeit (Schwung, Versammlung) — zeitweise Lage in der Nähe des Gurtes wirksamer (Faustregel: Der vordere Rand des Stiefels soll sich in etwa an dem hinteren Rand des Gurtes befinden) **beidseitig:** z. B. beim Mitteltrab — starker Trab	Erhält die Biegung — in beschränktem Umfang bei Kehrtwendungen den Bewegungsablauf seitwärts — vorwärts sichernd Schenkelweichen — Viereck verkleinern — vergrößern Vorhandwendung — Hinterhandwendung	Gewährleistet das Gehen eines Pferdes auf gerader Linie in allen Wendungen — Galopp — Außengalopp

Anwendung und Wirkung der Gewichtshilfen

beidseitig belastend	einseitig belastend	entlastend
Ausschließlich vortreibend (z. B. Anreiten — Temposteigerung) — Halbe Paraden — Erhaltung von Schwung — Aktivierung der Hinterhand (Versammlung) —	Galopp — Wendungen — Kurzkehrtwendung	Lösen (Leichttraben) — bei zunehmender Belastung in der Lernphase Wechselspiel von Belasten und Entlasten als Mittel zur Festigung der Anwendung der Hilfen — Reiten im leichten Sitz — Springsitz

Anwendung und Wirkung der Zügelhilfen

Zügelhilfen	halbe Paraden	ganze Paraden
1. **nachgebend:** Rahmen erweitern (z. B. enger Hals) Mittel- und starke Tempi wie z. B. Mitteltrab, starker Trab Wechselspiel von Annehmen und Nachgeben bei ganzen und halben Paraden 2. **annehmend:** Siehe halbe Paraden 3. **durchhaltend:** Gleichmäßige und stetige Verbindung zwischen Reiterhand und Pferdemaul Verbesserung der Durchlässigkeit durch vermehrtes Herantreiben an die aushaltende Hand 4. **verwahrend:** Begrenzung der Wendung, Erhalten der Stellung und Biegung	■ Taktregulierung ■ Übergang höheres — niederes Tempo ■ Tempounterschiede ■ Verbessern von Form und Haltung des Pferdes ■ Einleitung und Vorbereitung zu neuen Lektionen ■ Rückwärtsrichten	Halten aus jeder Gangart

Geländereiten

Vielleicht hatte der Reiter bereits Gelegenheit, bei schönem Wetter auf dem offenen Reitplatz zu reiten und konnte dabei bemerken, daß die Pferde hier mehr Vorwärtsdrang zeigten. Oftmals sind erlebnisreiche Ausritte bei älteren Reitern Gesprächsstoff, auch wenn sie schon jahrelang zurückliegen; sie verstärken nur den Wunsch, diese Eindrücke und das Reiten in der Natur selbst zu erleben. Ritte ins Gelände sind eine Entspannung für Pferd und Reiter. Zwar ergeben sich hier neue Situationen, denn manches Pferd, das in der Bahn durch nichts aus der Ruhe zu bringen war, ist im Gelände quicklebendig und von dem Ehrgeiz besessen, alle andern Pferde zu überholen.

Daher muß das Verhalten im Gelände vor dem ersten Ausritt eingehend besprochen werden. Die Hauptgangarten im Gelände sind Schritt und Trab. Im Trabe wird immer leichtgetrabt mit häufigem Fußwechsel, damit das Pferd nicht einseitig stärker belastet wird. In der Gruppe werden Gangart und Tempo durch den Lehrer oder einen erfahrenen Reiter bestimmt. Es ist sehr wichtig, daß ein gleichmäßiges Tempo geritten wird. Das Tempo sollte sich nach dem in der jeweiligen Gangart schwächsten Pferd richten. In welcher Form eine Gruppe im Gelände reitet, richtet sich nach den Geländegegebenheiten.

Möglichkeiten:
hintereinander — paarweise
nebeneinander — auf Lücke
hintereinander — im Rudel

Wenn der Reiter auch bemüht ist, den für sein Pferd bequemsten Boden zu wählen, so ist er doch verpflichtet, auf den Wegen zu bleiben. Landwirtschaftlich genutzte Flächen wie Wiesen, Weiden, Felder und Grabenböschungen sowie Forstkulturen, Dickungen und Neuanpflanzungen sind zu meiden. Nach dem Abernten der Getreidefelder ist das Reiten auf dem Stoppelfeld bis zum Umpflügen erlaubt.

Auf lange Sicht ist das Ausreiten nur dann möglich, wenn sich alle Reiter bemühen, Flurschäden zu vermeiden und die Interessen der Landwirte und der Fußgänger zu achten!

Richtiger leichter Sitz im Galopp.

Häufiges Reiten im leichten Sitz vermittelt schon Kindern große Sicherheit.

Falscher leichter Sitz: zu lange Bügel, der Reiter ist steif, der Oberkörper zu aufrecht.

Der Reitlehrer kann nun, da er selbst reitet, nicht mehr unterrichten, sondern gibt nur noch Ratschläge und Anweisungen. Die Reiter fühlen sich nicht mehr so beobachtet und empfinden diese Tatsache als eine große Erleichterung, und es erwacht in ihnen ein stolzes Gefühl, weil sie ihr Pferd mehr oder weniger selbst in der Gewalt haben. So verständlich der Wunsch ist, ins Gelände zu reiten, so eindringlich muß auch darauf hingewiesen werden, daß der Reiter eine gewisse Festigkeit im Sitz haben muß, um Unfällen vorzubeugen. Sicherheit ist grundsätzlich am besten gewährleistet, wenn Reiter und Pferd richtig ausgebildet sind. Auch

der Reiter sollte in einer guten körperlichen Verfassung sein und durch Ausgleichssport (Gymnastik) seine eigene Geschmeidigkeit erwerben oder erhalten. Der Reitlehrer wird die Anforderungen eines Ausrittes so gestalten, daß dieser zur wirklichen Freude aller Beteiligten wird. Auch im Gelände wird es vorkommen, daß ein Reiter das Gleichgewicht verliert und vom Pferd fällt. In diesem Zusammenhang taucht die Frage auf: Ist richtiges Fallen eine Kunst? Der geübte Reiter wird sich beim Fallen nur selten ernstlich weh tun, denn er hat Fallen gelernt. Jeder Reiter muß erst einmal die Angst vor dem Fallen überwinden, doch der Reitlehrer wird ihm

dabei helfen. Er sieht schon in der Reaktion des Pferdes und im Ansatz, daß es vermutlich zu einem Sturz kommen wird und kann dem jungen Reiter durch Zuruf sagen, wie er sich zu verhalten hat. Es ist nicht richtig, wenn ein Reiter sein Pferd unbedingt festhalten will, denn die Gefahr, daß er dann vom Pferd getreten wird, ist immer gegeben. Es ist allgemein bekannt, daß ein Pferd niemals bewußt einen Reiter treten will; hält dieser sich aber am Zügel fest, kann das Pferd aus dem Gleichgewicht kommen und den Reiter gefährden. In einer Reitbahn kann das Pferd ja sowieso nicht weglaufen, im Gelände wird es das nur in den seltensten

Der erste Ausritt ins Gelände — zunächst im Schritt.

Der leichte Sitz ist nur dann eine Erleichterung für Pferd und Reiter, wenn er so gut beherrscht wird.

Fällen tun. Ist ein Reiter gestürzt, so
parieren die anderen Reiter zum Halten durch, der natürliche Herdentrieb
bringt dann den Ausreißer wieder zu
den anderen Pferden zurück. Mit
Ruhe wird das Pferd eingefangen und
der Ritt kann fortgesetzt werden.
Solch ein unfreiwilliger Aufenthalt
gehört mit zu den Freuden eines Ausrittes, vor allem wenn der Sturz harm-
los verlaufen ist. Häufig ist dieser
Vorfall jedoch nach alter Sitte mit
einem Griff in den Geldbeutel verbunden. Das Geländereiten wird
Pferd und Reiter anstrengen, wenn
das Gelände bergig ist, der Ausritt
über mehrere Stunden geht oder
wenn das Tempo zu schnell ist. Da

In bergigem Gelände muß sich der
Reiter gut anpassen können. Kleinere
Hügel möchten die Pferde gerne mit
Schwung nehmen.

Nach anstrengenden Kletterstellen
hat das Pferd eine Verschnaufpause
verdient.

man im Gelände ein etwas freieres Tempo als in der Bahn reitet, wäre es für den Reiter im Dressursitz zu anstrengend, daher die kurzen Bügel im leichten Sitz. Er ist aber nur dann eine Erleichterung für Pferd und Reiter, wenn er diesen Sitz beherrscht. Auch hier muß die vorwärts treibende oder hemmende Einwirkung erlernt werden. Voraussetzung dazu ist wiederum — ähnlich wie im Dressursitz — die Geschmeidigkeit, das heißt, daß der Reiter in seinen Gelenken locker bleibt. Als Ausgangspunkt betrachten wir genau wie beim Dressursitz die Hüfte, die jetzt aber eine nach unten federnde Tendenz hat. Weiter müssen die Schulter sowie das Ellbogengelenk locker sein, das leicht am Körper angelehnt bleibt, das Handgelenk, das die weiche Verbindung zum Pferdemaul beibehält, das Kniegelenk, das trotz vermehrtem Knieschluß mitfedern muß, ferner das Fußgelenk, das den

tiefen Absatz und das Gewicht im Bügel immer regulieren kann. Ist diese Lockerheit einmal erreicht, dann gibt der leichte Sitz dem Reiter eine große Sicherheit und eine herrliche Bequemlichkeit zu Pferde.

Bodenricks

Um dieses Ziel zu erreichen und das Gleichgewicht zu fördern, beginnt der Lehrer nun mit der Bodenrickarbeit, wobei ihr Wert im Augenblick für die Gymnastizierung des Pferdes nicht ausschlaggebend ist, sondern nur zur Erlernung des leichten Sitzes anzusehen ist. Ein Bodenrick soll zu diesem Zweck 10 cm über dem Boden stehen. Es ist eine bis 4 m breite Stange, an deren Ende ein Kreuzverband angebracht ist, der es erlaubt, verschiedene Höhen eines Bodenricks anzuwenden. Begonnen wird mit einem Rick, und der Reiter wird

spüren, daß das Pferd aufmerksamer und schwungvoller über diese erhöhte Stange tritt. Die Pferde dürfen im Leichttraben bis nahe an das Rick herantraben, die Reiter müssen vorher den leichten Sitz einnehmen und danach können sie wieder leichttraben. Der Reiter muß nun beachten und lernen, mit tiefem Absatz, der auch im leichten Sitz einen tiefen Sitz gewährleistet, mit festem Knieschluß, leicht vorgeneigtem Oberkörper und lockeren Gelenken über dem Bodenrick die Balance zu behalten, ohne sich am Zügel festzuhalten. Ein Stützen mit den Händen am Widerrist ist nur solange erlaubt, bis das Gleichgewicht in dieser Haltung hergestellt ist. Diese Übung wird dann erweitert bis auf 3—4 Bodenricks hintereinander. Nun wird es erforderlich, daß ein Reiter auch treibend einwirkt, um den Schwung des Pferdes zu verbessern oder zu erhalten, damit die taktmäßige Trittfolge über mehrere Ricks

erhalten bleibt. Diese Einwirkung kann aus vermehrtem Schenkeldruck bestehen, oder aber der Reiter gleitet mit seiner Hüfte mehr in die Bewegung des Pferdes hinein, ohne dabei im Sattel einzusitzen. Beginnt ein Pferd vor den Ricks zu stürmen, so muß durch halbe Paraden das Tempo reguliert werden, bis kurz vor das erste Rick; dann muß er aber mit beiden Händen vorgehen, damit sich das Pferd über den Bodenricks selbst ausbalancieren kann. Handfehler des Reiters wirken sich immer auf den Takt des Pferdes aus, so daß der gleichmäßige Rhythmus des Pferdes verloren geht.

Nun haben wir schon sehr viel gelernt, könnten also vorerst zufrieden sein. Aber nun gilt es, den leichten Sitz im Galopp zu üben, denn da findet er ja überwiegend Anwendung. Zu beachten ist hier, daß wir die Gewichtshilfe so anwenden müssen, daß in Wendungen der innere Bügel mehr

zu belasten ist. Zweifellos wird ein Pferd, wenn es im leichten Sitz galoppiert wird, freudiger vorwärts gehen, und gerade deshalb kann auf eine gute Einwirkung nicht verzichtet werden. Denken wir an den Dressursitz. Hier unterstützen die Kreuzhilfen die Schenkelhilfen. Auch im leichten Sitz wirkt der Reiter nicht nur mit den Schenkeln ein, sondern wird unterstützt durch die Hüfte des Reiters. Alle haben wir als Kinder einmal geschaukelt und die Schaukel in Bewegung gebracht. Auch im leichten Sitz erfolgt die Einwirkung nach diesem Prinzip. Der Reiter bleibt im Oberkörper leicht vorgebeugt. Die Hüfte schwingt bei jedem Galoppsprung des Pferdes mit nach vorwärts-abwärts in die Bewegungsrichtung des Pferdes hinein. Ein gewisser Druck ist nur möglich, wenn ein Widerstand da ist. Diesen Widerstand bilden die beiden fest am Sattel liegenden Knie des Reiters. Je mehr die

Die Bildserie von links nach rechts zeigt in verschiedenen Phasen das Gehen eines Pferdes über zwei Bodenricks. Der Reiter trabt leicht, gibt mit der Hand so viel den Pferdehals frei, daß sich das Pferd über den Ricks gut ausbalancieren kann und eine Dehnungshaltung einnimmt. Ist diese Zwanglosigkeit erreicht, können die Bügel zum leichten Sitz verkürzt werden und diese Übung wird im leichten Sitz mehrmals wiederholt. Ausbildungsziel: Der Reiter soll seinen Sitz und das Gleichgewicht verbessern.

Knie diesen Schwung und Druck der Hüfte auffangen können, um so stärker ist die Einwirkung und als Folge der Drang des Pferdes, nach vorwärts zu gehen. Im leichten Sitz gelten natürlich die gleichen Grundsätze über die Anlehnung zum Pferd. Somit ist durch die abgestimmte Einwirkung — bei starkem Vorwärtsdrang weniger, bei Nachlassen der Einsatzbereitschaft mehr — die Anlehnung gesichert. Das Anwenden der halben Paraden erfolgt wie beim dressurmäßigen Reiten im Zusammenwirken der treibenden und verhaltenden Hilfen. Pferde, die fast ausschließlich im Gelände geritten werden, gehen in der Regel ruhig und ausgeglichen, während junge und selten ins Gelände kommende Pferde oftmals einen enormen Vorwärtsdrang entwickeln und dabei versuchen, dem Reiter die Hand zu nehmen. Das heißt, die halben Paraden werden nicht mehr angenommen und die Anlehnung zum Pferdemaul wird so stark, daß die Kräfte des Reiters zunehmend nachlassen. Der Reiter muß als erstes die Knie vermehrt schließen und eine feste Stütze im Bügel suchen, halbe Paraden geben und vor allen Dingen immer wieder die Anlehnung vermindern, daß heißt nachgeben. Parade — nachgeben usw. In den meisten Fällen läßt das Stürmen nach, wenn das Pferd an der Spitze einer Abteilung gehen darf.

Vermag ein Reiter ein Pferd wirklich nicht zu halten, so kann er in freiem Feld einen großen Bogen reiten und wieder anschließen, in kritischen Situationen aber müssen die anderen Reiter durchparieren zum Halten. Dadurch, daß kein Pferd mehr folgt, wird das davongaloppierende Pferd langsamer und der natürliche Herdentrieb setzt ein. Eine Gefahr in einem solchen Fall kann nur vom Reiter selbst ausgehen, nämlich wenn er ängstlich wird, vielleicht sogar schreit und das Pferd auf diese Weise in Panik versetzt. Das kommt aber sehr selten vor, und der junge Reiter wird bei seinen ersten Ausritten mit erfahrenen, ruhigen Pferden beritten gemacht. Entscheidend für das angenehme Reiten im Gelände und das gute Gelingen eines Ausrittes ist ein gleichmäßiges Tempo, gut dosierte Schrittreprisen vor allem in schwierigem Gelände. Zwar bestimmt der Reitlehrer das Tempo, aber einige Reiter bleiben oft zurück und kommen plötzlich, wenn der Abstand bereits zu groß war, von hinten angebraust. Dadurch tritt bei den anderen Pferden eine Unruhe ein, denn sie glauben, die anderen Pferde würden galoppieren. Galoppiert wird natürlich nur dann, wenn die Bodenverhältnisse es erlauben, also entweder auf Waldwegen, Wiesen oder Sandboden. Der Reiter muß natürlich auch bedenken, daß ein Pferd keine

Bergauf- und Bergabreiten

Maschine ist und Verschnaufpausen braucht, auch wenn der Sandboden noch so weich und verlockend ist. Der junge Reiter muß sein Empfinden für das Pferd schulen, so daß er spürt, wann sein Pferd das Tempo von sich aus etwas verlangsamt. Dann wird der wahre Pferdefreund entweder ruhig traben oder eine längere Strecke Schritt reiten. Dieses Verständnis für die mögliche Einsatzbereitschaft eines Pferdes muß der junge Reiter erlernen, falls es nicht durch seine Tierliebe, die ihn ja zum Reiten gebracht hat, bereits vorhanden ist. Wer ein guter Reiter werden will, muß das stets vor Augen haben.

Bergauf- und Bergabreiten

Neue Anforderungen werden in bergiger Landschaft an Pferd und Reiter gestellt. Aber gerade größere Unebenheiten machen Ausritte zu einem großen Erlebnis. Kleinere Anhöhen beim Bergaufreiten möchten die Pferde gerne mit Schwung nehmen, man läßt sie auch hinaufgaloppieren. Der Reiter bleibt dabei im leichten Sitz, um den Rücken des Pferdes möglichst zu entlasten, und gibt mit der Hand genügend Freiheit, um den Hals länger werden zu lassen, ohne jedoch die Verbindung zum Pferdemaul ganz aufzugeben. Den langen Hals braucht das Pferd, um sich

selbst auszubalancieren. Steilhänge werden fast immer im Schritt oder im Galopp angeritten. Im Galopp dann, wenn ein Pferd viel Schwung benötigt, um hinaufzukommen. Auf keinen Fall darf sich der Reiter am Zügel festhalten, sondern notfalls umschließt er mit beiden Händen beziehungsweise Armen den ganzen Pferdehals, damit das Pferd auf gar keinen Fall im Maul gestört wird. Bei langen Steigungen sollte der Reiter die Gangart annehmen, die das Pferd anbietet. Wenn ein Reitlehrer dabei ist, wird dieser natürlich die Leistungsfähigkeit seiner Pferde und die Kondition genau kennen, so daß der Reiter sich auf die Anweisungen des Reitlehrers verlassen kann. Besonders unsportlich ist es auch, wenn ein Reiter aus Bequemlichkeit mit seinem Gesäß den Pferderücken belastet, statt sich selbst anzustrengen, die Knie vermehrt zu schließen und das Gewicht in die Bügel abzugeben. Zu beachten ist weiter, daß ein Steilhang immer gerade angeritten wird, da ein Pferd sonst leicht ins Rutschen kommen kann und ein Sturz unvermeidbar wäre.

Steiles Bergabreiten muß immer im Schritt erfolgen, da die Belastung der Vorderbeine des Pferdes besonders groß ist. Hier wird die Verbindung zum Pferdemaul stets stärker sein, um dem Pferd eine Stütze zu geben, besonders bei starkem Gefälle. Auch

hier muß ein seitliches Wegrutschen des Pferdes vermieden werden, indem man bewußt geradeaus reitet. Junge Reiter haben beim Bergabreiten anfangs Bedenken, den Oberkörper nach vorne zu nehmen und so den Pferderücken zu entlasten. Diese Haltung ist aber unbedingt notwendig, da sich das Pferd nur so richtig ausbalancieren und der Rücken geschont werden kann. Also keine Angst, das Pferd wird durch diese Haltung nicht schneller — das verhindert ja auch die festere Anlehnung —, sondern es rutscht sicher, im völligen Gleichgewicht auch den steilsten Abrutsch hinunter. Im Gelände muß der Reiter oft eigene Entscheidungen treffen, da der Reitlehrer nicht alle Reiter gleichzeitig beobachten kann. Er hat nun unter Beweis zu stellen, daß er während der Übungsstunden in der Reitbahn auch das Gesagte wirklich in sich aufgenommen hat. Besonders im Gelände muß der Abstand zum Vorderpferd immer wieder reguliert werden. Ein zu starkes Aufreiten kann zu Verletzungen führen, nämlich Ballentritten. Auch dem Nebenmann darf man nicht zu nahe kommen, er kann es falsch verstehen. Also besser gleich mit den seitwärts treibenden Schenkeln diesen Gefahren ausweichen. Es gehört auch zu den guten Sitten des Reitens, daß man das Pferd immer trocken vom Ausritt zum Stall zurückbringt.

Springausbildung

Mit der Springausbildung des jungen Reiters kann begonnen werden, wenn er die Anfänge des leichten Sitzes erlernt hat und im Stande ist, dabei auf sein Pferd einzuwirken. Der leichte Sitz festigt das Gleichgewicht beim Reiten mit kurzen Bügeln. Beim Springen über niedrige oder hohe Hindernisse kommt es besonders auf die Harmonie zwischen Reiter und Pferd, damit also entscheidend auf das Gleichgewicht, an. Jeder Lehrer stellt nur ungern gute Springpferde für die Ausbildung zur Verfügung, da sich die Unsicherheit des jungen Reiters nachteilig auf ein gutes Springpferd auswirkt. Springen Pferde ohne Reiter, so regulieren sie ihr Tempo und die Gangart nach der Höhe des Sprunges selbst je nach Erfahrung und Veranlagung. Stört der Reiter das Selbstvertrauen und die Geschicklichkeit eines Pferdes, so werden Pferd und Reiter unsicher. Auch erfahrene Springreiter und Ausbilder haben das Springen selbst erlernen müssen und wissen, daß anfangs einige Hemmungen zu überwinden sind. Das ist ganz verständlich und geht jedem Reiter so. Nur sollte sich der Anfänger bereits vorher theoretisch mit den Vorgängen und Zusammenhängen beim Springen befassen und dieses Wissen durch eigene Beobachtungen bei anderen weiter vertiefen.

Die ersten Übungen

Es versteht sich von selbst, daß ruhige und ausgeglichene Pferde dem Reiter das nötige Selbstvertrauen vermitteln. Bald gibt er seine Verkrampfung auf und beginnt zu fühlen, wann ein Pferd abspringt und wann er mitzugehen hat. Der Reiter hat also in erster Linie auf zwei Dinge zu achten:

- er darf nicht im Pferdemaul stören, und
- er muß den Oberkörper im leichten Sitz leicht nach vorn geneigt halten. Bleibt er ständig hinter der Bewegung, d. h., der Oberkörper kommt im Sprung hinter die Senkrechte, so ist diese Übung so lange zu wiederholen, bis das Gleichgewicht über dem Sprung vorhanden ist.

Der leichte Sitz wurde bereits durch Bodenrickarbeit geübt und gefestigt. Drei oder vier Bodenricks werden hintereinander im Abstand von etwa 1,20 m bis 1,40 m aufgestellt. Treten die Pferde ruhig und im Takt darüber, so wird das letzte Rick im Abstand von mindestens 3,50 m vorgezogen und auf 30 cm erhöht. Der Reiter muß nun, wie gewohnt, im leichten Sitz an die Bodenricks heranreiten, sein Pferd über die ersten zwei oder drei treten und über das letzte erhöhte einen kleinen Sprung ausführen lassen.

1

2

3

4

Beim ersten Reiten über ein kleines Bodenrick verhält sich der Reiter wie im leichten Sitz: mit etwas nach vorn geneigtem Oberkörper, ohne hier jedoch zu übertreiben. Häufig möchte der Reiter die Springbewegung übertrieben selbst mit ausführen, in dem Glauben, dadurch sein Pferd zu unterstützen. Das führt dazu, daß er Knie und Beine hochzieht. Damit geht ihm aber die eigentliche Stütze im Bügel, seine sicherste Hilfe, verloren. Als Folge davon wird er sich im Zügel festhalten und dadurch dem Pferd die Sicherheit und Springfreudigkeit nehmen. Bei den ersten Übungen darf sich der Reiter ruhig in der Mähne des Pferdes festhalten, bis er es gelernt hat, sich der Streckung des Pferdes über dem Sprung durch vermehrtes Mitgehen des Oberkörpers anzupassen.

Treibende Hilfen

Für die nächste Übung beim Springen wird man zwei Bodenricks im Ab-

stand von 7 m bis 7,50 m aufstellen, und zwar auf 30 cm erhöht. Da routinierte Pferde eine Höhe von 30 cm nicht als Sprung ansehen und vielleicht darüber traben möchten, kann noch eine Sprungstange auf das Rick gelegt werden. Zweckmäßigerweise begrenzt man auch diese kleinen Sprünge, um einem seitlichen Aus-

Bildserie oben (von links nach rechts): Die Bewegungsphasen beim Überwinden Bodenrick – Sprung.
Der Reiter paßt sich in natürlicher, nicht hektischer Haltung dem Bewegungsablauf an. Die Reiterhand ist in Verbindung mit dem Pferdemaul; eine Streckung des Halses wird ermöglicht.

Bildserie unten (von rechts nach links): Das noch unerfahrene Pferd tritt willig über die Bodenricks, hat aber im ersten Augenblick nicht genügend Mut zu springen. Die tiefe Schenkellage des Reiters, das gut geschlossene Knie und das leichte Zurückkehmen des Oberkörpers verhindern den Sturz des Reiters vom Pferd.

Die Bildserien verschiedener Pferde und Reiter über demselben Hindernis zeigen deutlich auch die verschiedensten Sitzfehler. Die beste Hilfe, die wir dem Pferd im Sprung geben können, besteht in einem losgelassenen, geschmeidig mitgehenden, sich jeder Situation anpassenden und entlastenden Springsitz.
Irrig ist die Vorstellung, im Sprung durch bestimmte aktive Hilfen dem Pferd das Überwinden von Hindernissen erleichtern zu können.

Bildserie 1:
Geschmeidig mitgehender Reiter bei etwas kurzen Bügeln.

Bildserie 2:
Der Reiter geht mit dem Oberkörper zu weit mit, er hat durch zuviel Vorlage das Gleichgewicht verloren, damit auch die sichere Stütze im Bügel; er kann sich nur mühsam wieder aufrichten.

Bildserie 3:
Guter Sitz des Reiters — beim Anreiten an das Hindernis hält er seine Schultern etwas fest.

1

2

3

70

Bildserie 4:
Der Reiter geht übertrieben mit, er bleibt nicht gerade über dem Pferd, sondern bringt seinen Oberkörper übertrieben auf die linke Seite. Als Folge wird das Pferd beim Landen nicht mehr geradeaus gehen, sondern nach links hereinkommen.

Bildserie 5:
Der Reiter bleibt vor — über — und nach dem Sprung sitzen. Durch derartig schweres Einsitzen des Reiters wird das Pferd am Aufwölben seines Rückens über dem Sprung gehindert.

Bildserie 6:
Der Reiter geht übertrieben ruckartig mit dem Oberkörper vor und müßte sich beim Landen früher wieder aufrichten.

4

5

6

weichen der Pferde vorzubeugen. Der Reiter soll sich ausschließlich auf diese beiden kleinen Sprünge konzentrieren können. Es ist empfehlenswert, daß ein erfahrener Reiter zuerst diese Sprünge demonstriert, damit der Anfänger sieht, wie sie ausgeführt werden sollen. Dazu stellen sich alle Reiter in der Bahn auf, und der Lehrer erklärt die Ausführung. Die Sprünge der einzelnen Reiter werden besprochen, denn aus den Fehlern können alle lernen.

Beide Sprünge werden im Trabe im leichten Sitz angeritten. Zieht ein Pferd die Sprünge nicht an, das heißt, galoppiert es vor dem Sprung nicht von selbst, so müssen die treibenden Hilfen des Reiters einsetzen. Er darf mit dem Gesäß im Sattel Platz nehmen — der Oberkörper muß aber vor der Senkrechten bleiben — und muß nun sein Pferd vermehrt mit dem Schenkel treiben. Genügt der Schenkeldruck dafür nicht, so muß in diesem Augenblick ein klopfender oder energischer drückender Schenkel das Pferd zum Galoppieren auffordern. Wird ein Pferd vor den Sprüngen etwas heftig, so muß der Reiter im leichten Sitz passiv bleiben und versuchen, es gerade an den Sprung heranzuführen. Geht ein Pferd mit mehr Elan an den Sprung heran, so ist das für den Reiter während der ersten Ausbildungszeit nur vorteilhaft, da das Pferd ihn im Schwung

über das Hindernis mitnimmt und ihm das Gefühl für das Springen erleichtert.

Bis der Reiter einen sicheren Halt im Bügel findet, sollte er ihn nicht an der breitesten Stelle der Stiefelsohle, sondern in der Ballengegend führen, also bis zum Absatz in den Bügel hineintreten: das Fußgelenk lockert sich schneller, und der Halt im Bügel wird dadurch verbessert. Wie im leichten Sitz liegen die Hände beiderseits am Widerrist; die Verbindung zum Pferdemaul bleibt erhalten. Über dem Sprung wird sich das Pferd strecken, also länger im Hals werden, um sich auszubalancieren. Durch Vorgehen beider Hände in Richtung Pferdemaul muß der Reiter diese Streckung ermöglichen, und zwar soviel, daß die Verbindung zum Pferdemaul nie ganz aufgegeben wird. Dieses Gefühl kann nur durch ständige Selbstkontrolle gewonnen werden. Zu hohe Hände stören das Pferd im Sprung; bei zu tiefen Händen kann die Verbindung zum Pferdemaul nicht immer gleichmäßig erhalten bleiben.

Anreiten von Hindernissen

Durch anfänglich kleine Anforderungen hat der Reiter allmählich gelernt, im Sprung mitzugehen. Die innere Spannung ist gewichen, und er kann die Anweisungen des Lehrers befol-

gen. Die Stütze im Bügel und der feste Knieschluß geben ihm Sicherheit, und er gewinnt immer mehr Einwirkung auf sein Pferd. Es wird dann am besten springen, wenn der Reiter vor dem Hindernis zum Treiben kommt, das Pferd also nicht etwa an den Sprung heranstürmt und davor seinen Schwung dann vermindert. Unter schwachen Reitern ziehen manche Pferde die Hindernisse gewaltig an, vermindern ihren Schwung aber, je näher sie herankommen. Das ist jedoch falsch. Vielmehr sollte ein Pferd ruhig an das Hindernis herangeführt und durch vermehrtes Treiben vor dem Sprung der Schwung verbessert werden. Um so mehr wird es sich fliegen lassen, loslassen und ausbalancieren.

Bei stürmenden Pferden muß sich der Reiter im Oberkörper vor dem Sprung mehr aufrichten, durch halbe Paraden mit beiden Händen sein Pferd mehr regulieren und dann den Sprung anreiten. Sind die Pferde zu heftig und lassen sie sich schlecht durchparieren, stellt man zweckmäßigerweise 3,50 m vor dem Sprung ein Rick auf.

Entscheidend ist bei der Springausbildung nicht die Höhe der Sprünge, sondern ihre genaue Ausführung. Wer niedrige Sprünge sicher und gut beherrscht, wird später ohne Schwierigkeiten auch mit erhöhten Anforderungen fertig werden. Daher ist es

Das Anreiten an das Hindernis soll gerade erfolgen. Bei schiefem Anreiten besteht bei jungen Pferden immer die Gefahr des Ausbrechens, besonders bei ungewohnten Hindernissen. Dies ist bei den unteren Bildern deutlich zu erkennen.

Routinierte Pferde können innen oder außen an ein Hindernis herangeführt werden, wenn der folgende Sprung daraufhin besser anzureiten ist, oder dadurch eine bessere Zeit erzielt werden kann (Taktisches Reiten).

besonders wichtig, daß ein Reiter sein Pferd auch zwischen den einzelnen Hindernissen beherrscht und die verlangten Wege reiten kann. Deshalb sind die Wendungen gut auszureiten und der Reiter muß verhindern können, daß sein Pferd zu stark nach innen oder nach außen ausweicht. Kommt ein Pferd nach innen herein, so wirkt der innere Schenkel dagegen, unterstützt durch die Zügelhilfen; die innere Hand bleibt am Hals, ohne über den Widerrist nach außen zu gehen; die äußere Hand führt dann das Pferd etwas nach außen. Entzieht sich ein Pferd nach außen, haben die entgegengesetzten Hilfen einzuwirken. Nur gute Linienführung ermöglicht ein gerades Anreiten vor dem Sprung.

Für den jungen Reiter ist es sehr wichtig zu wissen, wann ein Pferd eigentlich vor dem Hindernis abspringt. Pferde, die mit Elan herangehen und vor dem Hindernis langsamer werden, können unterlaufen. Sie gehen zu nahe an den Sprung heran, die Flugbahn ist dann nicht mehr lang und weit, sondern kurz und hoch. Unterlaufen ist immer schwerer auszusitzen, daher muß der Reiter vor dem Sprung energischer treiben. Ist ein Hindernis einladend vom Lehrer aufgebaut, so wird der Absprung für Pferd und Reiter sehr erleichtert. Es ist einladend, wenn eine Absprungstange oder ein Hochweitsprung das

1

2

6

7

3   4   5

Das Überwinden des Hindernisses in mehreren Phasen:
Man kann den Sprung über das Hindernis in verschiedene Phasen einteilen:

1. Regulieren der Galoppsprünge (halbe Paraden)
2. Anreiten (Schwungholen)
3. Aufrichten der Vorhand
4. Abdrücken der Hinterhand
5. Schwebephase
6. Landen der Vorhand
7. Landen der Hinterhand
8. Natürliche Sprungfolge im Galopp

8   9   10

Verschiedene Übungsbeispiele mit zunehmenden Anforderungen

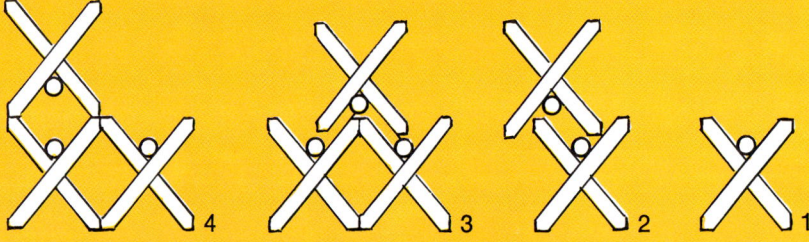

4 3 2 1

Möglichkeiten
1—2

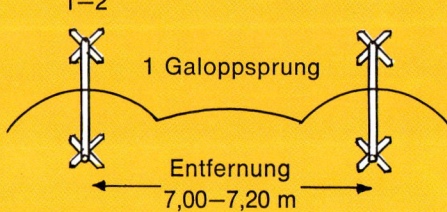

1 Galoppsprung

Entfernung
7,00—7,20 m

Möglichkeiten
2+3+4

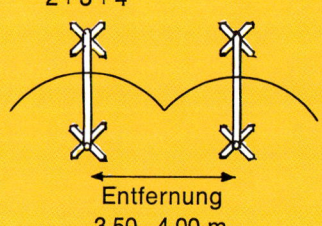

Entfernung
3,50—4,00 m

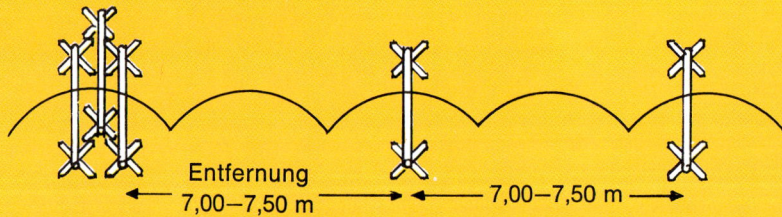

Entfernung
7,00—7,50 m   7,00—7,50 m

In dieser Reihenfolge sollte mit dem Springen begonnen werden:

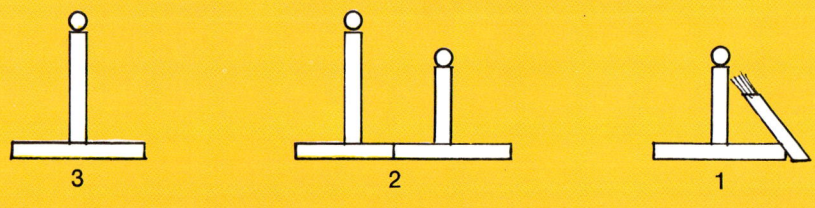

3 2 1

Taxieren erleichtert. Ein Pferd soll möglichst etwa 1,50 m vor dem Hindernis abspringen. Der Reiter muß dafür den Blick für das Anreiten schulen, denn regulierende Hilfen direkt vor dem Absprung wirken sich störend auf das Pferd aus. Das Regulieren oder Einfangen hat 3—4 Pferdelängen vor dem Absprung zu erfolgen.

Wie lernt der junge Reiter ein Hindernis anreiten?

In den ersten Springstunden übernimmt das erfahrene Pferd das Taxieren.

Bei dieser Übung reguliert das Pferd sein Tempo selbst. Nach dem Überspringen des ersten Bodenricks führt es zwei Galoppsprünge aus und findet annähernd den gleichen Absprungpunkt vor der nächsten Bodenrick-Pyramide. Der Reiter kann so sein Verhalten vor — über — und nach dem Sprung schulen.

Sollen das Reaktionsvermögen des Reiters und sein geschmeidig mitgehender leichter Sitz verbessert werden, wird dieser Übungsteil gewählt.

Das Verkleinern und Vergrößern der Abstände zwischen den Sprüngen schult die treibende Einwirkung und das Aufnehmen mittels halber Paraden.

Jetzt erst sollte mit dem Springen von einzelnen Hindernissen folgender Bauweise begonnen werden.

Beispiel:

1. Steilsprung mit Vorlage (Bürste)
2. Hoch-Weitsprung
3. Steilsprung

Der Sprung läßt sich in verschiedene Phasen aufgliedern:

1. Halbe Parade
2. Anreiten gegen das Hindernis
3. Sprung
   a) Absprung (etwa 1,50 m vor dem Hindernis) und Aufwärtsbewegung
   b) Schwebe
   c) Abwärtsbewegung
4. Landen (Landestelle etwa 2 m nach dem Sprung)
5. Auslauf, danach Anreiten des nächsten Hindernisses mit einem Galoppsprung von 3,50—4 m.

Ungehorsam des Pferdes

Ungehorsam bedeutet nicht immer Widersetzlichkeit, sondern ist meist auf einen Fehler des Reiters zurückzuführen. Sind Pferde im Maul — gottlob — empfindlich, so wird ein Handfehler des Reiters ein Verweigern oder Stehenbleiben vor dem Hindernis verursachen. Als Korrektur muß der Reiter dann energisch an den Sprung heranreiten und den Pferdehals schon vor dem Sprung durch Vorgehen der Hände freigeben. In einzelnen Fällen wird der Lehrer das Pferd korrigieren müssen.

Erfahrene Pferde suchen sich der mangelnden Einwirkung des Reiters dadurch zu entziehen, daß sie rechts oder links an den Hindernissen vorbeistürmen. Der noch unerfahrene Reiter muß als Korrektur nun im Schritt möglichst nahe an den Sprung heranreiten, zwei bis drei Galoppsprünge davor energisch treiben, und das Pferd wird springen.

Soll ein Hindernis im Galopp angeritten werden, und ein Pferd bricht ständig davor aus, so darf der Reiter niemals in der von dem Pferd bestimmten Richtung weiterreiten. Als Korrektur hat er sein Pferd durchzuparieren und in der entgegengesetzten Richtung abzuwenden. Bricht es nach links aus — der häufigere Fall —, hat er es nach rechts abzuwenden. Sieht ein Pferd keine Möglichkeit, nach links oder rechts auszubrechen, weil der Reiter früh genug reagiert, wird es auch willig springen. Das Ausbrechen des Pferdes vor dem Springen wird meistens durch Fehler, durch falsche Hilfen des Reiters unterstützt. Wird ein Hindernis gerade auf die Mitte zu angeritten, und das Pferd versucht, nach links auszubrechen, so versucht der Reiter gewöhnlich, es einseitig mit dem rechten Zügel zu korrigieren, wodurch das Ausbrechen nach links nur noch begünstigt wird. Als Korrektur hat der linke Schenkel vermehrt einzusetzen, der rechte Zügel steht an und verhindert ein weiteres Ausweichen, während der linke Zügel an den Pferdehals herangebracht wird und das Pferd so wieder zur Mitte hin führt. Wenn es dem Reiter gelingt, kann das Pferd sogar nach links gestellt werden, um es wieder besser in die Mitte hereinzubringen, und zwar unterstützt durch den linken treibenden Schenkel. Das sollte sich jeder Reiter ganz klar machen.

Die Gerte als treibende Hilfe

Eine Springgerte darf nicht länger als 80 cm sein, längere sind hinderlich. Der Gebrauch der Gerte beim Springen will gelernt sein. Bei den ersten Sprüngen ist der junge Reiter so stark mit sich selbst beschäftigt, daß er noch keine sinnvolle Hilfe mit der Gerte geben kann. In der Reitbahn nimmt der Reiter die Gerte stets nach innen, um den inneren Schenkel zu unterstützen. Durch die Bande finden die Hindernisse eine äußere Begrenzung. Die Gerte dient als Unterstützung der treibenden Hilfen, dabei geht die gertenführende Hand etwas nach innen herein. Das Gertenende wird bei lockerem Handgelenk an die Seiten des Pferdes ermunternd oder zur Korrektur auch einmal strafend herangeführt. Keinesfalls darf die

Hand dabei störend auf das Pferde-maul einwirken, damit die Vorwärts-bewegung hemmen und gleichzeitig durch die Gerte treiben. Auch der Autofahrer wird nicht gleichzeitig Gas geben und Bremsen.

Springen erfordert Entschlossenheit und etwas Mut. Durch guten Sitz, Si-cherheit und gute Anleitung kann jedermann das Springen lernen. Das bestimmte, entschlossene Anreiten eines Sprunges überträgt sich auf das Pferd, das von Natur aus geschickt und springfreudig ist; vorausgesetzt, daß es unter richtiger Anleitung Springen gelernt hat. Es ist mutig und ehrlich, wenn es vom Reiter wirk-sam unterstützt wird.

Bei der Springausbildung wird es nicht ausbleiben, daß ein Reiter auch einmal herunterfällt. Ein Sturz vom Pferd mit Elan sieht für den Zuschauer schlimmer aus, als es für den Reiter selbst ist. Bei einem sinnvollen Auf-

bau der Ausbildung wird der Sturz übrigens zu den Seltenheiten gehören. Hat ein Reiter besonderes Springtalent, wird er sich bei entsprechender Veranlagung der Pferde auch an höhere Sprünge und schwierigere Parcours heranwagen und Turniere besuchen.

Noch im Dunkeln — ohne Publikum — übt diese kleine Reiterin. Im Stil schon gefestigt, bewältigt sie ihre Aufgabe ähnlich wie der Reiter im großen Sport (Weltmeister Hartwig Steenken auf Erle).

Dressurausbildung

Dressur bedeutet nicht, ein Pferd zu dressieren, wie man etwa einen Hund abrichtet, sondern es bedeutet Gymnastizierung. Darunter versteht man, daß alle seine Körperpartien, Gliedmaßen und Muskeln in folgerichtiger Entwicklung geübt, durchgebildet und gestärkt werden. Jeder Sportler wird seinen Körper durch bestimmte Übungen im Rahmen seiner Möglichkeiten geschmeidig machen, dabei werden besonders beanspruchte Muskelgruppen gekräftigt. Bei einer sinnvollen Arbeit mit dem Pferd und seiner zunehmenden Durchlässigkeit wird es auch gehorsam werden. Durchlässigkeit bedeutet, daß sowohl die treibenden wie auch die verhaltenden Hilfen (die Paraden) von dem Pferd in der gewünschten Wirkung angenommen werden. Die verlangten Lektionen dienen dazu, Geschmeidigkeit und Durchlässigkeit des Pferdes zu verbessern. Die Dressurlektionen werden in folgende Gruppen eingeteilt:

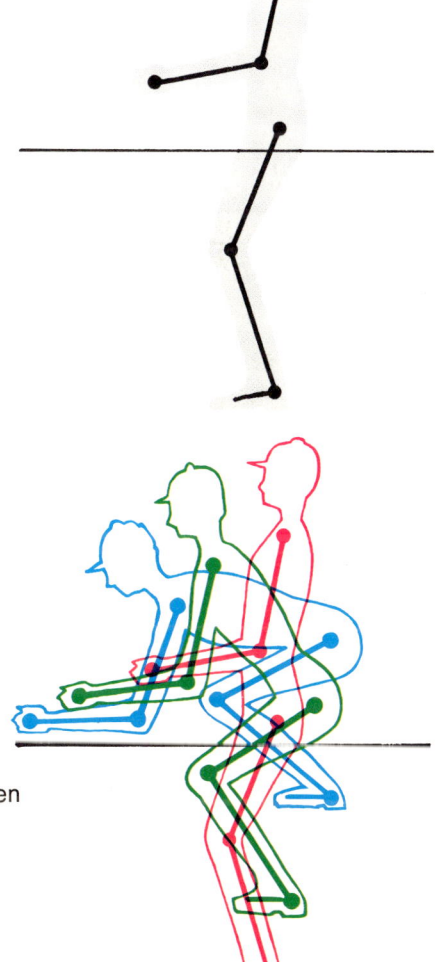

Verschiedene Sitzpositionen:

— Dressurreiter

— Springreiter
Geländereiter
leichter Sitz

— Rennreiter
Rennbahntraining
extremer leichter Sitz

■ Klasse A für Anfänger

■ Klasse L für leichte
■ Klasse M für mittlere } Anforderungen
■ Klasse S für schwere

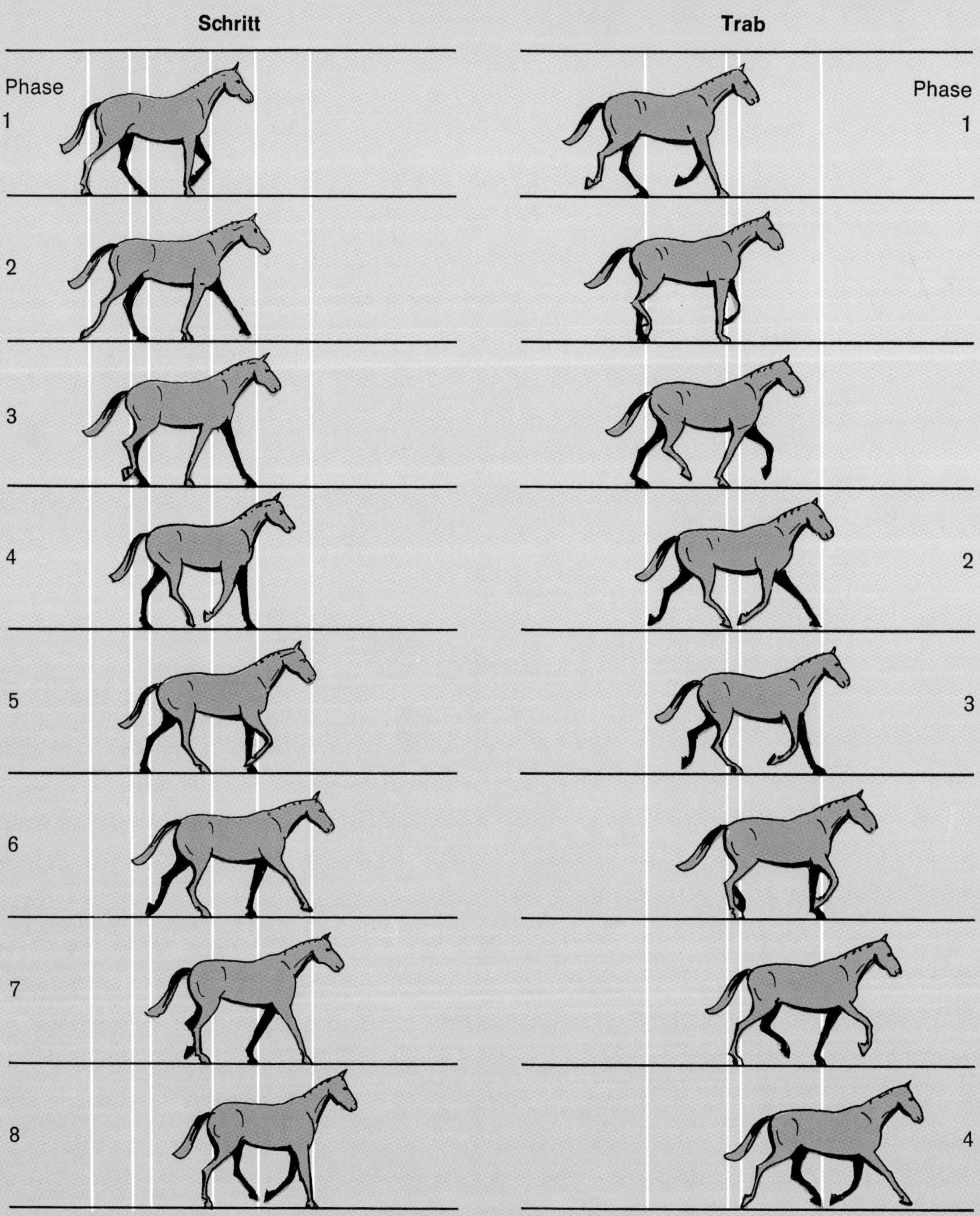

Schritt

Phase
1
2
3
4
5
6
7
8

Trab

Phase
1
2
3
4

82

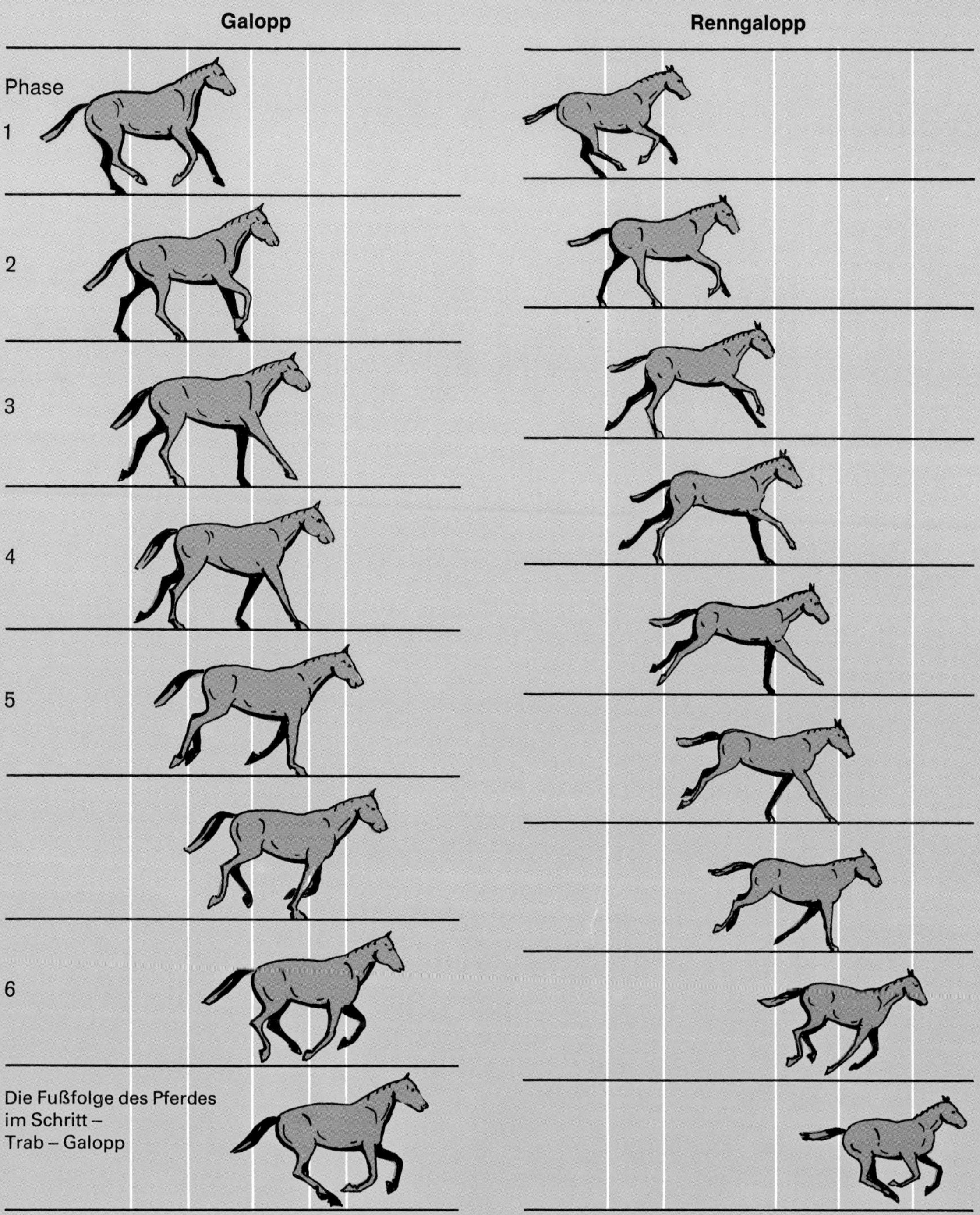

Galopp

Renngalopp

Phase

1

2

3

4

5

6

Die Fußfolge des Pferdes
im Schritt –
Trab – Galopp

Lektionen der Dressurprüfung Klasse A

Es versteht sich von selbst, daß für die Dressurprüfungen der Klasse A einfache Übungen verlangt werden, die dem Ausbildungsstand eines jungen Pferdes und eines jungen Reiters entsprechen. Diese Anforderungen werden so lange gelernt und geübt, bis der Reiter eine zusammenhängende Aufgabe ausführen kann. Im Aufgabenheft gem. LPO, herausgegeben von der Deutschen Reiterlichen Vereinigung, Ausgabe 1976, sind für die A-Dressur die Aufgaben ab E 1 — A 8 vorgesehen. Sie steigern sich allmählich in ihrer Schwierigkeit, so daß Pferd und Reiter auf die Lektionen der Klasse L vorbereitet werden.

Der methodische Vorgang der Ausbildung eines Pferdes bis zur Dressur Klasse A und L fördert die Gehlust eines Pferdes, bildet dessen Anlagen in Gang und Haltung aus, kräftigt und formt die Muskulatur.
Die in den Hufschlagfiguren und einzelnen Lektionen festgelegten Übungen machen ein Pferd geschmeidig und gehorsam. Damit erhöht sich die Geschicklichkeit und Ausdauer sowie seine Durchlässigkeit, also die gute Übereinstimmung mit dem Reiter. Es soll besonders darauf hingewiesen werden, daß die Dressurausbildung bis Klasse A bzw. L nicht nur eine einseitige Heranbildung zum Dressurpferd anstrebt. Vielmehr schafft die Dressurausbildung die Grundlage für jede andere Art des Reitens, sei es

nun im Gelände oder auf dem Springplatz.
Der Reiter selbst wird sich aufgrund seiner eigenen Einstellung zu den verschiedenen Reitsportdisziplinen für die eine oder andere Art entscheiden. Im Laufe der Ausbildung wird sich auch die besondere Veranlagung eines Pferdes erkennen lassen.

Schritt

Während des täglichen Trainings und in den Dressurprüfungen der Klassen A und L wird Mittelschritt geritten. Das Pferd schreitet fleißig im Takt aus, ohne dabei zu eilen, und fußt mit den Hinterbeinen über die Fußstapfen der Vorderbeine. Der Reiter hat eine weiche Verbindung zum Pferdemaul. Wird ein Übertreten der Hinterbeine nicht erreicht, goht der Reiter mit den Händen mehr vor, läßt den Pferdehals länger werden und treibt vermehrt mit Kreuz und Schenkeln. Im Schritt ist es ratsam, die Schenkelhilfen mehr in der Nähe des Gurtes anzuwenden.

In der Schrittbewegung erfolgt der Bewegungsablauf in den einzelnen Phasen für das nicht geschulte Auge relativ schnell.
Die Bildserie (von links nach rechts) veranschaulicht den natürlichen Ablauf der Bewegung besonders gut.

Trab

Im Trabe unterscheiden wir den Arbeits- und den Mitteltrab. Vor dem Antraben aus dem Schritt sind die Zügel nachzufassen, wie überhaupt das Zügelmaß (Länge) ständig korrigiert werden muß. Durch zu lange Zügel hängt der Oberarm des Reiters nicht senkrecht aus, sondern kommt zu stark zurück. Ein zu langer Zügel wirkt immer zu hart auf das Pferdemaul ein. Da während des Reitens die Zügel zwangsläufig immer wieder aus der Hand gleiten können, muß ständig nachgefaßt werden.

Während des Arbeitstrabes gehen die Pferde in geregeltem, schwungvollem Trabe in schöner Selbsthaltung. Der Pferdehals ist aus der Schulter heraus festgestellt und wird ruhig getragen. Das Pferd geht mit sichtbarem Antrieb nach vorwärts. Im Mitteltrab wird das Tempo verstärkt, wobei der geregelte und gleichmäßige Takt erhalten bleiben muß. Der Mitteltrab ist also durch das energische Vorwärtsreiten gekennzeichnet; das Pferd darf dabei nicht eilen, sondern muß energisch abfußen und die Vorhand in gleichem Maße zur Streckung aus der Schulter bringen.

Bild 1: Arbeitsgalopp
Das Pferd galoppiert in geregelten Sprüngen in natürlicher Aufrichtung sicher an den Hilfen des Reiters.

Bild 2: Mittelgalopp
Beim Mittelgalopp soll der Reiter im Sitz gut mitgehen, um mit den treibenden Hilfen am Pferd zu bleiben.

Bild 3: Starker Galopp
Der starke Galopp wird durch Verstärken des Mittelgalopps entwickelt. Durch die vermehrt treibende Einwirkung des Reiters werden, durch Vorlassen des Halses, die Sprünge gestreckter und somit raumgreifender.

Galopp

Im Galopp unterscheiden wir Arbeits- und Mittelgalopp. Der Galopp darf weder schleppend noch übereilt sein, sondern muß regelmäßig und schwungvoll in deutlich vernehmbarem Dreitakt ausgeführt werden. Beim Angaloppieren wie im Galopp sind Vor- und Hinterhand aufeinander einzustellen.

Der Arbeitsgalopp ist durch einen geregelten, aber schwungvollen Galoppsprung gekennzeichnet. Der Reiter kommt zum Treiben, ohne daß sein Pferd eilt. Durch stärkeres Treiben und gleichzeitiges Herauslassen der Galoppsprünge in sauberem Dreitakt erreichen wir den Mittelgalopp. Die Bewegungen werden länger und raumgreifender. Auch hier darf das Pferd nicht eilen, sondern muß an den Hilfen des Reiters bleiben. Im Rechtsgalopp soll das Pferd nach rechts, im Linksgalopp nach links gestellt sein.

Erinnern wir uns:

Der Galopp soll geregelt und energisch im Dreitakt geritten werden. Häufig ist zu beobachten, daß Pferde nicht geregelt im Gleichgewicht galoppieren, sondern sich in schnellen Galoppsprüngen dem Reiter auf die Hand legen. Der noch unerfahrene Reiter ist der Ansicht, er müsse sein Pferd bei jedem Galoppsprung treiben, sonst würde es in den Trab fallen.

Bedenken wir jedoch:

Wir erziehen die Pferde dazu, treibende Hilfen anzunehmen, und nun dürfen wir uns nicht wundern, wenn sie auf Grund des ständigen Treibens immer eiliger vorwärts galoppieren. Die treibende Hilfe muß für Tempo und gleichbleibende Anlehnung so abgestimmt sein, daß ein Pferd nicht mehr zum Eilen neigt, sondern den Galoppsprung lediglich energisch entwickelt.

Im Schritt, Trab und Galopp soll sich der Reiter zeitweise auch passiv in seiner Einwirkung verhalten. Dadurch wird das Gleichmaß der Bewegung seines Pferdes gefestigt und das Gleichgewicht erhalten. In den ersten Anfängen des Reitens entwickelt sich das Bewegungserlebnis. Der geschmeidige Sitz und die schon erworbene Einwirkung schulen im weiteren Verlauf der Ausbildung das Muskelgefühl des Reiters. Das versetzt ihn dann auch in die Lage, im richtigen Moment und in der richtigen Stärke, die treibenden Hilfen anzuwenden.

Einfacher Galoppwechsel

Wird im Galopp die Hand gewechselt, so wird in einer A-Dressur nur der einfache Galoppwechsel verlangt. Das Pferd wird zum Schritt durchpariert, die Parade soll unmittelbar zum Schritt sicher und weich auf gerader Linie erfolgen. Nach ein bis zwei klaren Schritten wird wieder angaloppiert. Ungenügende Durchlässigkeit oder zeitweiliges Galoppieren auf der Vorhand führen zu einem auslaufenden einfachen Wechsel. Denn nach der Parade geht ein Pferd dann nicht im klaren Viertakt im Schritt, sondern trabt.

Wie ist die erforderliche Durchlässigkeit zu erreichen?

Vorausgegangen ist ein häufiger Wechsel vom Galopp zum Trabe, der sowohl die Losgelassenheit als auch die Durchlässigkeit des Pferdes einleitet. Jetzt soll der Reiter auf einer gebogenen Linie (wie Zirkel) oder einer groß angelegten Volte die Parade zum Schritt üben. Die Einleitung zur Parade sollte erst zu dem Zeitpunkt erfolgen, wo das Pferd ruhig und geregelt galoppiert und sozusagen auf die Hilfengebung des Reiters wartet. Das ist auf einer gebogenen Linie besser zu erreichen, als wenn nur geradeaus galoppiert wird. Der gut gelungene Wechsel wird dem Reiter ein Erfolgserlebnis vermitteln;

1

2

3

4

Bild 1:
Das Pferd geht am Zügel, mit natürlichem, zwanglosem Ausdruck.

Bild 2:
Das Pferd geht über dem Zügel, oder ist nicht am Zügel.
Fehler: fehlende Losgelassenheit.

Bild 3:
Das Pferd geht hinter der Senkrechten. Der Reiter sollte mit der Hand vorgehen.
In dieser ähnlichen Haltung würde es hinter dem Zügel gehen, wenn der Zügel dabei durchhängen würde, das Gebiß vom Pferd also nicht angenommen werden würde.

Bild 4:
Das Pferd geht gegen den Zügel. Hier wehrt sich das Pferd offensichtlich gegen die harte Handeinwirkung des Reiters. Der Rücken des Pferdes wird weggedrückt, der Gang wird unrein.

er sollte sein Pferd aber mit einbeziehen, es abklopfen und sich mit dem schon Erreichten vorläufig begnügen.

Die Verfeinerung einer Lektion wird in vielen Übungsstunden angestrebt. Der Reiter sollte sich jedoch an methodische Lernprinzipien halten und nicht durch zu häufiges, monotones Üben Widersetzlichkeiten bei seinem Pferd hervorrufen. Unbeherrschte und ungeduldige Reiter verängstigen ihre Pferde, sie sind verspannt und zwangsläufig undurchlässig.

Übergänge

Die Übergänge von einer Gangart in eine andere oder von einem Tempo in das andere sollen klar, weich und deutlich erkennbar sein. Gangart und Tempo müssen bis zum Schluß der Ausführund klar erhalten bleiben, die Pferde müssen also leicht am Gebiß und in richtiger Kopfstellung bleiben.

Halten

Bei der Parade zum Halten soll die Vorwärtsbewegung weich, vor allen Dingen durch die vortretenden Hinterbeine, aufgefangen werden. Das Halten darf daher nie durch heftige Einwirkung des Reiters mit der Hand herbeigeführt werden, sondern muß vorwiegend durch Wirkung von Schenkel und Kreuz immer weich erfolgen. Danach muß das Pferd mit geschlossener Hinterhand gleichmäßig und gerade auf allen vier Beinen stehen. Es hat mindestens 5 Sekunden unbeweglich stillzustehen und dabei weich am Gebiß zu bleiben. Ein Zurücktreten der Hinterbeine ist falsch, ein Korrigieren nach Vorwärts der geringere Fehler.

Alle in einer Dressurprüfung verlangten Lektionen finden ihren Ausdruck in der annähernden Vollkommenheit und sind das Ergebnis eines logischen Aufbaus. Sicherheit und Ausführung werden in jahrelanger Arbeit in den einzelnen Übungsstunden erworben. Am Beispiel des Haltens eines Pferdes soll auf die im Sport allgemein üblichen Begriffe der Grundform — Grobform — Feinform hingewiesen werden.

■ Grundform
Das Pferd muß lernen, stehen zu bleiben solange der Reiter es wünscht. (Bei nervösen Pferden soll sich der Reiter vorerst mit kurzen Haltemomenten begnügen).

■ Grobform
Das Pferd muß stehen bleiben und sich an die Hand des Reiters heranstellen.

■ Feinform
Unbeweglichkeit — geschlossen — mit beständiger Anlehnung.

Diese Begriffe der Wertigkeit gelten auch für Übungen in der Bewegung des Pferdes:
Beispiel — Volte:

■ Grundform
Der Reiter ist in der Lage, einen Kreisbogen von ca. 10 Schritt Durchmesser anzulegen.

■ Grobform
Das Pferd bleibt beständig am Zügel und im Takt.

■ Feinform
Das Pferd ist in der Volte gleichmäßig gebogen, bleibt auf einem Hufschlag und ist ständig an den Hilfen des Reiters.

6   5   4

Beim Rückwärtsrichten muß das Pferd in diagonaler Fußfolge zurücktreten. Ein leichtes Entlasten des Pferderückens durch den Reiter ist zweckmäßig.

Rückwärtsrichten

In den Klassen A und L wird es um eine bestimmte Strecke, nämlich eine Pferdelänge, verlangt. In den höheren Klassen wird eine bestimmte Anzahl der Tritte gefordert. Das Rückwärtsrichten gibt Aufschluß über die Durchlässigkeit und den Gehorsam des Pferdes. Es muß willig und gleichmäßig auf gerader Linie ohne Stocken und ohne Übereilen erfolgen. Die Fußfolge geschieht im Zweitakt wie im Trabe und soll klar erkennbar sein. Durch ein Zurückeilen oder -kriechen entziehen sich die Pferde den Hilfen des Reiters und bleiben nicht mehr sicher am Zügel. Mit einem gleichmäßigen Druck beider Schenkel wird das Rückwärtsrichten eingeleitet. Voraussetzung: Entspanntes Stehen am Zügel, daher williges Annehmen der Hilfen. Die halben Paraden, mit beiden Händen gegeben, bewirken

das Zurücktreten in diagonaler Fußfolge. Das Maß der annehmenden Zügelhilfen, in Übereinstimmung mit dem abfangenden Kreuz des Reiters, ergeben die gewünschte Anzahl der Tritte. Ein Schiefwerden ist durch den einseitig stärker wirkenden Schenkeldruck zu verhindern.

Wendung in der Bewegung

Beim Wechsel durch die ganze Bahn wird sechs Schritte nach der Ecke abgewendet und sechs Schritte vor der Ecke der gegenüberliegende Hufschlag wieder erreicht. Die Ecken müssen auf dem Hufschlag eines Viertelkreises ausgeritten werden. Auf der Volte muß das Pferd in seiner ganzen Länge auf den Kreisbogen von sechs oder acht Schritt Durchmesser eingestellt sein; dabei muß es so gebogen sein, daß der gleich-

3 2 1

mäßige Kreis nur einen Hufschlag aufweist.

Die Kehrtwendung hat in erster Linie genau einer halben Volte zu entsprechen. Sie führt dann auf gerader Linie zum Hufschlag zurück und erfordert eine rechtzeitige deutliche Umstellung. In den Wendungen muß das Pferd geschmeidig und willig den Einwirkungen des Reiters folgen, dabei in Genick und Rippen stets in Richtung der Wendung gebogen sein.

Beim Reiten auf dem Zirkel ist die Linie eines Kreisbogens einzuhalten. Eine halbe Pferdelänge vor jedem Zirkelpunkt muß der Reiter den Hufschlag erreichen, eine halbe Pferdelänge danach wieder abwenden und auf den nächsten Zirkelpunkt zureiten. Das Pferd befindet sich also stets auf einer gebogenen Linie und geht niemals geradeaus.

Ist ein Wechsel der gebogenen Linie

notwendig, so soll das Pferd vor Erreichen der neuen Stellung eine Pferdelänge gerade gerichtet sein. In allen Wendungen wird der innere Gesäßknochen mehr belastet. Es ist darauf zu achten, daß der Reiter nicht nach außen sitzt und in der Hüfte einknickt.

Schlangenlinien

Die einfache Schlangenlinie beginnt am ersten Wechselpunkt der langen Seite und führt zum zweiten Wechselpunkt der langen Seite. Der Reiter muß sein Pferd auf die verlangte Linie einstellen. Bei der einfachen Schlangenlinie beträgt die Entfernung vom Hufschlag sechs Schritt. Die doppelte Schlangenlinie beginnt gleichfalls am ersten Wechselpunkt der langen Seite und führt zum HB-Punkt. Hier wird das Pferd eine Pferdelänge ge-

radeaus gerichtet, danach die zweite Schlangenlinie eingeleitet, die am zweiten Wechselpunkt derselben langen Seite endet. Bei der doppelten Schlangenlinie beträgt die Entfernung vom Hufschlag mindestens drei Schritt. Beim Reiten einer Schlangenlinie durch die ganze Bahn beginnt der Reiter am ersten Wechselpunkt der langen Seite. Er führt die verlangte Anzahl der Bogen aus, die gleichmäßig auf das Viereck zu verteilen sind, und beendet die Schlangenlinie je nach Anzahl der Bogen am nächsten Wechselpunkt. Überschreitet der Reiter die Mittellinie, die Verbindungslinie beider Paradepunkte der kurzen Seite, so ist jeweils ein ganzer Bogen geritten. Auf der Mittellinie wird das Pferd geradegerichtet und umgestellt.

Viereck verkleinern, Viereck vergrößern

Das Verkleinern und Vergrößern des Vierecks wird in einer A-Dressur nur im Schritt verlangt und vorerst auch nur so geübt. Es beginnt am ersten Wechselpunkt der langen Seite und führt möglichst bis zur Mitte der Bahn, dem Punkt X. Hier erfolgt die Umstellung und führt zum zweiten Wechselpunkt zurück. Diese Übung stellt den Schenkelgehorsam eines Pferdes unter Beweis. Das Pferd ist zum seitwärts treibenden Schenkel gestellt, in der Rippe aber gerade gerichtet und schreitet seitwärts vorwärts über. Bei Pferden mit reellem Ausbildungsstand kann das Verkleinern und Vergrößern nun auch im Trabe geübt werden. Die zwanglose Ausführung bestätigt ein im Gleichgewicht gehendes Pferd. Sie leitet bei nicht zu häufiger Anwendung einen leichten Versammlungsgrad ein und ist zur Weiterbildung eines L-Pferdes geeignet.

Vorhandwendung

Zur Ausführung der Vorhandwendung muß das Pferd in der Reitbahn auf den zweiten Hufschlag gestellt werden. Die Wendung wird aus dem Halten eingeleitet. Ein Vortreten des Pferdes bei der Wendung ist ein großer, das Zurücktreten der geringere Fehler. Das Pferd ist zum seitwärts treibenden Schenkel gestellt und in der Rippe gerade gerichtet, es tritt seitwärts über, bis der Hufschlag wieder erreicht ist. Diese Übung beweist den Schenkelgehorsam eines Pferdes.

Die Vorhandwendung sollte nur als ein bestimmter Übungsteil angesehen werden, denn sie entspricht nicht den eigentlichen Grundsätzen der Reiterei. Die gymnastizierende Schulung des Pferdes hat zum Ziel, die Vorhand, durch vermehrtes Herantreten der Hinterhand unter den Schwerpunkt von Pferd und Reiter, zu entlasten. Bei der Vorhandwendung wird jedoch die Vorhand belastet. Sie ist daher nur für den Schenkelgehorsam von Nutzen. Bei entsprechender Voraussetzung sollte mit dem Üben der Hinterhandwendung begonnen werden.

Die Ausbildungsskala

Die natürlichen Bewegungen eines Pferdes müssen unter dem Reiter erhalten bleiben. Es soll losgelassen im Gleichgewicht auf die Hilfen des Reiters eingehen. Beim Aufbau einer Reitstunde haben die sechs Punkte der Ausbildungsskala (siehe auch S. 102) sie wie ein roter Faden zu durchlaufen:

- Takt
- Losgelassenheit
- Anlehnung
- Schwung
- Geraderichten
- Versammlung

Takt

Der Takt ist das Gleichmaß der Bewegungen in den drei Grundgangarten Schritt, Trab und Galopp. Der Schritt ist eine schwunglose Gangart, ein Viertakt mit acht Phasen der Fortbewegung. Hier kann der Takt verlorengehen, wenn sich ein Pferd infolge zu starker Zügeleinwirkung im Rücken festhält oder vom Reiter über seine natürlichen Möglichkeiten des Ausschreitens hinaus vorwärts geritten wird. Die Folge ist ein paßartiges Gehen oder sogar Paß (Kamelgang): das Pferd fußt also gleichseitig und gleichzeitig auf. Der Schritt aber ist eine schreitende Bewegung.

Der Trab ist ein Zweitakt in vier Phasen; auch hier kann ein Pferd aus dem Takt kommen, wenn es im Trabe überfordert wird, d. h. sein augenblicklicher Ausbildungsstand eine weitere Steigerung nach vorwärts noch nicht zuläßt. Als Folge werden die Tritte unrein, oder aber die Bewegungen werden übereilt und laufend.

Der Galopp ist ein Dreitakt in sechs Phasen. Versucht ein Reiter, den Galoppsprung stark einzufangen und zwar ausschließlich durch die Einwirkung der Hände, so wird die Hinterhand des Pferdes bei mangelnder Durchlässigkeit nicht genügend vorspringen. Dabei fußt das Pferd oft in der diagonalen Phase nacheinander erst hinten, dann vorn auf und galoppiert im Viertakt. Durch Vorlassen des Halses und vortreibende Hilfen kommt das Pferd leicht wieder in den Dreitakt.

Da die natürlichen Bewegungen, wie wir bereits wissen, beim Reiten erhalten bleiben müssen, ist der Takt an den Anfang jeglichen Reitens zu stellen.

Losgelassenheit

Jeder Sportler pflegt sich vor Beginn eines Wettkampfes aufzuwärmen und durch lockernde Übungen darauf vorzubereiten. Dieses Lockern und Aufwärmen müssen wir auch den Pferden gönnen, und zwar durch lösende Lektionen. Nach dem Aufsitzen reitet der Reiter deshalb zunächst Schritt mit hingegebenem Zügel. Danach nimmt er die Zügel auf und trabt leicht, bis er fühlt, daß die Spannung seines Pferdes nachläßt. Bodenrickarbeit fördert die Losgelassenheit und festigt gleichzeitig den Takt. Zu einem späteren Zeitpunkt wird auf die Bodenrickarbeit noch näher eingegangen. Schenkelweichen, oftmaliger Wechsel zwischen Trab und Galopp lösen die Rückenmuskulatur; der Reiter wird also spüren, daß sie nicht mehr fest ist, sondern schwingt und er nunmehr zum bequemen Sitzen kommt. Im weiteren Verlauf wird das Pferd seine Halsmuskulatur entspannen, die Verbindung zur Reiterhand suchen und sich nach vorwärts-abwärts an die Hand heranstrecken. Als Prüfstein für die Losgelassenheit ist häufig das Zügel-aus-der-Hand-Kauen-Lassen zu üben: der Reiter geht mit der Hand vor, und sein Pferd streckt sich nach vorwärts-abwärts, ohne dabei den Takt zu verlieren. Ruhige, ausgeglichene Bewegungen mit tätigem Rücken und getragenem Schweif sind Ausdruck seiner Losgelassenheit. Bei guter Streckung des Halses nach vorwärts-abwärts soll es sich in Schritt, Trab und Galopp fortbewegen, ohne dabei zu eilen.

Anlehnung

Anlehnung bedeutet gleichmäßige, stetige Verbindung der Reiterhand zum Pferdemaul. Nimmt der Reiter die Zügel auf, so stellt er die Verbindung seiner Hände zum Pferdemaul her. Nur durch stetes Herantreiben an diese Verbindung wird ein Pferd an den Zügeln stehen, also im Genick nachgeben. Viele Reiter versuchen, ihre Pferde mit der Hand in diese Form zu bringen, ohne mit Schenkeln und Kreuz genügend treibend einzuwirken. Die treibenden Hilfen müssen wesentlich stärker als die verhaltenden Hilfen wirken. Das Ausmaß der Anlehnung steht somit in engem Zusammenhang mit der treibenden Einwirkung, sie soll stets leicht sein. Bei stärkerer Einwirkung und Anlehnung muß der Reiter durch ständiges Nachgeben dem Pferd eine weiche und gefühlvolle Hand anbieten, die zum Nachgeben des Pferdes führt.

Schwung

Unter Beibehaltung des Taktes soll ein Pferd schwungvoll vorwärts gehen. Kommt der Reiter mit Kreuz und Schenkeln vermehrt zum Treiben, ohne daß es sich durch Eilen entzieht, wird die Hinterhand durch die starke Einwirkung zum energischen Abfußen veranlaßt. Das Pferd soll nicht mit

Ganze Parade zum Halten

Die ganze Parade zum Halten erfolgt mittels mehrerer halber Paraden. Das gefühlvolle Zusammenspiel der treibenden und verhaltenden Hilfen ermöglicht die durchlässige Parade, bei der das Pferd geschlossen auf allen vier Beinen steht.

Bild 1:
Schwungvoller Trab.

Bild 2:
Das Pferd nimmt sich mehr auf.

Bild 3 und 4:
Die gesenkte Hinterhand leitet das Halten ein.

schleppenden Hinterbeinen gehen, sondern energisch abfußen. Eine zu starke Anlehnung wird den Schub aus der Hinterhand weitgehend unterbinden.

Durch den Schub nach vorwärts über den schwingenden Rücken wird der Reiter in die Vorwärtsbewegung hineingesetzt und gelangt zu einem tiefen, geschmeidigen Sitz. Tempowechsel im Trabe und im Galopp tragen dazu bei, den Schwung eines Pferdes wesentlich zu verbessern. Der Schwung wird durch entsprechende halbe Paraden reguliert. Auch hierbei ist also die Übereinstimmung der richtigen Hilfengebung wichtig.

Geraderichten

Die natürliche Schiefe eines Pferdes erfordert die geraderichtende Arbeit. Man sagt, daß diese Schiefe mit der Lage des Embryos im Mutterleib zusammenhängt. Bewiesen ist das allerdings nicht. Sie zeigt sich besonders auf der rechten Hand im Galopp, wo sich häufig das Pferd nicht auf einem Hufschlag bewegt, sondern mit der Hinterhand rechts mehr nach innen hereinkommt. Die Hinterbeine treten nicht in Richtung der Vorderbeine, sondern das linke Hinterbein fußt zwischen die Vorderbeine und der rechte Hinterfuß entsprechend nach innen herein.

Durch häufiges Reiten auf gebogenen Linien wird ein Pferd gleichmäßig an beide Zügel herangestellt, es gibt nach und stellt sich auf die gewünschte Biegung ein. Hat der Reiter das Gefühl, daß sein Pferd die Volte nach links und rechts gleichmäßig gut ausführt, dann ist es auch gerade gerichtet. Reitet man auf frisch geharktem Boden, so sind die Spuren der Vor- und Hinterhand auf einer Linie erkennbar, auch in der Volte, wo das Pferd einen Kreisbogen ausführen soll.

Versammlung

Auf die Versammlung wird in einem späteren Kapitel eingegangen, da sie über die Lektionen der Dressurprüfung Klasse A hinausgeht. Diese einzelnen Punkte der Ausbildung sind die Voraussetzung für die korrekte Ausführung von Dressurprüfungen der Klasse A. Der Reiter muß sie praktisch und theoretisch beherrschen und seine Übungsstunden danach aufbauen. In einer Dressurprüfung muß ein Pferd zwanglos und schwungvoll unter dem Reiter gehen, ständig am Zügel, sicher an den Hilfen und gehorsam sein. Die bislang einzeln beschriebenen Lektionen werden allgemein in Ausbildungs- oder Trainingsstunden geübt. Eine Ausbildungsstunde, auch als

Trainingseinheit bezeichnet, gliedert sich in:

- Vorbereitung — Lösen
- Hauptteil — Arbeit
- Nachbereitung — Entspannung

Die Vorbereitung — das Lösen, dessen Dauer von der Veranlagung des Pferdes abhängt, dient

- der Lösung und Entspannung der Muskeln
- der Herstellung der Geschmeidigkeit
- der langsamen Erhöhung der Herz- und Kreislauftätigkeit
- dem Einspielen der Bewegungsabläufe, wie Takt und Schwung
- der Entwicklung der Gehfreudigkeit (faule Pferde müssen angeregt werden)
- der Beruhigung durch den Reiter mit Stimme und Sitz (nervöse und heftige Pferde sollen beruhigt werden).

Im Hauptteil einer Ausbildungsstunde wird das Pferd nun durch entsprechende Lektionen vermehrt an die Hilfen gestellt und der Gehorsam des Pferdes kontrolliert. Durch zweckmäßige Einzelaufgaben versucht nun der Reiter, mit einer fein abgestimmten, korrekten Ausführung die Übungsteile zu verbessern. Während der Ausbildungsstunde ist der Reiter der eigentliche Trainer des Pferdes, denn er muß sofort auf Verhaltensweisen

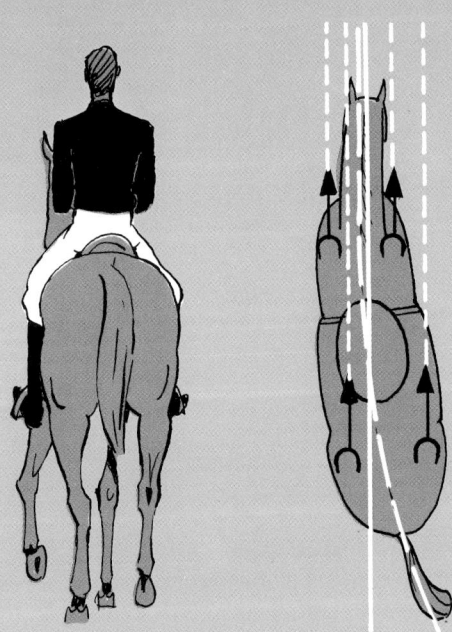

Geraderichten

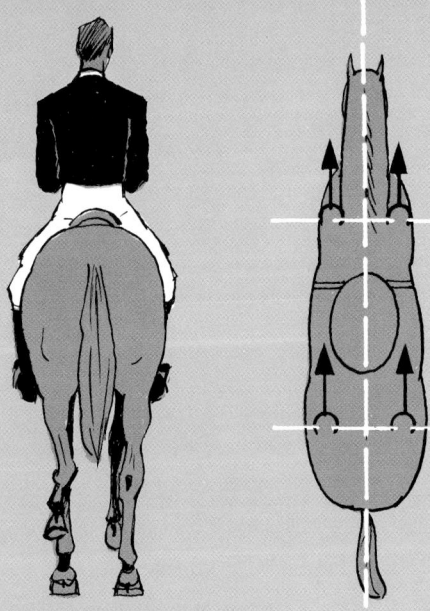

Nicht geradegerichtetes Pferd

Geradegerichtetes Pferd

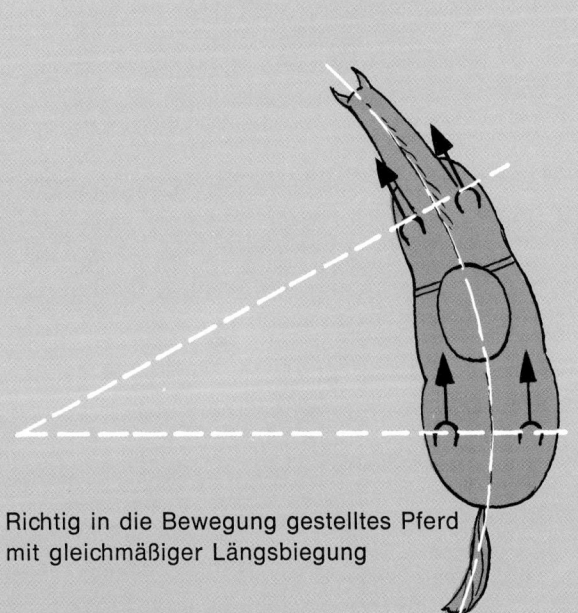

Richtig in die Bewegung gestelltes Pferd
mit gleichmäßiger Längsbiegung

Arbeitsgalopp

Arbeitstrab

Mittelgalopp

Mitteltrab

Das Pferd muß im Mitteltrab und Mittelgalopp, bei schwingendem Rücken, den Reiter bequem sitzen lassen.

des Pferdes reagieren. Der Lehrer kann daher nur bedingt auf die Entwicklung des Pferdes direkt einwirken.

Die Nachbereitung soll den Reiter und insbesondere das Pferd entspannen und einen allmählichen Übergang von der meist hohen Intensität der Arbeit zu normalem entspannten und zwanglosen Bewegungsablauf zurückführen (Schritt mit hingegebenem Zügel, Trockenreiten). Psychische Überanstrengung kann am besten durch Reiten in der Natur behoben werden.

Soll nun die Entwicklung des Leistungsvermögens von Pferd und Reiter geprüft werden, so ist das Reiten einer Dressuraufgabe der Klasse A angebracht. Während der gesamten Aufgabe muß das Pferd sicher an den Hilfen stehen, damit ein Herausreiten von Tempoübergängen sowie ein genaues Einhalten der Hufschlagfiguren möglich ist. Während der Aufgabe wird das Pferd von Lektion zu Lektion geführt. Der Reiter erreicht das vor allem durch rechtzeitiges Vorbereiten des Pferdes mittels halber Paraden, so daß eine schwungvolle und harmonische Vorstellung zustande kommt.

Lektionen der Dressurprüfung Klasse L

Die L-Dressur ist durch die Versammlung des Pferdes im Trabe und im Galopp gekennzeichnet, wobei zunächst ein geringer Grad an Versammlung verlangt wird. Jetzt ist also der sechste Punkt der Ausbildung (siehe Seite 94), die Versammlung, zu erläutern. In der Versammlung muß das Pferd mehr zusammengeschoben und in der Hinterhand gesenkt sein, mit erhobenen, weniger raumgreifenden Tritten und Sprüngen bei schöner Aufrichtung gehen. Der Schwung eines Pferdes muß erhalten bleiben; die Hinterhand fußt energisch ab und tritt weiter unter den Schwerpunkt von Pferd und Reiter. Dabei kommt die Hinterhand mehr zum Tragen, und die Tritte und Sprünge werden erhabener und ausdrucksvoller. Das Pferd richtet sich dadurch mehr auf, es wird vor dem Reiter größer, und das Genick ist der höchste Punkt. Man spricht hier von der relativen Aufrichtung, das heißt, die Aufrichtung steht in Relation zur gesenkten Hinterhand. Die fehlerhafte Aufrichtung wird als absolute Aufrichtung bezeichnet. Sie ist nicht das Ergebnis der eigentlichen Versammlung, sondern wird durch die ständigen halben Paraden des Reiters erwirkt. Dadurch wird die Rückentätigkeit des Pferdes weitgehend ausgeschaltet und ein Unter-

treten der Hinterhand unterbunden. Dieser Ausbildungsfehler zeigt sich besonders im Galopp; die Pferde galoppieren nicht im sauberen Dreitakt, sondern im Viertakt.

Zäumung

In einer L-Dressur wird ein Pferd hauptsächlich auf Kandarenzäumung geritten. Die Kandare soll ein Pferd nicht leichter beizäumen, sondern die Zügelführung verfeinern. Auf Grund der Hebelwirkung der Kandare darf der Reiter nicht mit der Kraft der stark wirkenden Kandare das Pferd in Haltung bringen. Die Führung mit geteilten Zügeln ist am leichtesten zu erlernen. Hierbei sollen sie so aufgenommen werden, daß vorwiegend nur die weichere Trense zur Wirkung kommt. Ganz darf die Kandare jedoch nicht ausgeschaltet werden. Bei allen Wendungen ist besonders darauf zu achten, daß der äußere Kandarenzügel nicht klemmt, sondern ein Gehen des Pferdes auf gebogenen Linien ermöglicht. Die Folge ist sonst ein Ausfallen, ein Ausweichen der Hinterhand oder ein Verwerfen im Genick, das heißt, die Ohren des Pferdes bleiben nicht auf einer Höhe. Die Zügelführung muß von jungen Reitern und bei jungen Pferden geübt werden. Ist das Pferd auf Kandare gezäumt, wird man die Kandarenzügel vorerst aus-

schalten, indem man sie leicht durchhängen läßt.

Die Lektionen der L-Dressur sind durch die Versammlung im Trabe und im Galopp gekennzeichnet sowie der Hinterhandwendung und dem Außengalopp.

Der Außengalopp wird mit leichter Stellung nach außen geritten; die Hilfengebung bleibt unverändert im Zusammenhang mit dem verlangten Links- oder Rechtsgalopp. Unerfahrene Reiter übertreiben die Stellung oft; dadurch bleibt das Pferd nicht mehr auf gerader Linie und weicht infolgedessen gern über die Schulter aus.

Kandarenzäumung

Bild 1:
Der Trensenzügel ist vorherrschend, der Kandarenzügel steht leicht an. Die Kinnkette ist so eingelegt, daß der untere Anzug der Kandare einen Winkel von etwa 30° zur Maulspalte bildet.

Bild 2:
Die Kandare strotzt, der Winkel ist zu klein, die Wirkung der Kandare zu scharf.

Bild 3:
Die Kandare fällt durch, daher ohne Wirkung.

Zügelführung auf Kandare
Häufig vorkommende Fehler beim Reiten auf Kandare haben ihren Grund in:

- mangelnder Vorbereitung auf diese Arbeit
- unpassender, falsch eingelegter Kandare
- schlechtem Sitz und schlechter Zügelführung des Reiters.

1

2

3

Die Grund-eigenschaften	werden trainiert durch	Trainingstest
Takt	■ Natürliche Fußfolge der Grundgangarten (Reinheit der Gänge) ■ Bodenrickarbeit ■ Zum Treiben kommen ■ Halbe Paraden (Regulieren)	Zum Treiben kommen
Losgelassenheit	■ Leichttraben ■ Schenkelweichen ■ Wechsel Galopp — Trab ■ Bodenrickarbeit ■ Longieren ■ Freispringen ■ Klettern	Zügel aus der Hand kauen lassen
Anlehnung	■ Tempowechsel ■ Zügelhilfen annehmend, nachgebend, durchhaltend, verwahrend	Gleichmäßige, stetige und weiche Verbindung zum Pferdemaul
Schwung	■ Tempowechsel ■ Mitteltrab und Mittelgalopp ■ Bestimmtere Einwirkung	Beide Hinterbeine schieben und beginnen zu tragen. Eingehen des Reiters in die Bewegung — er wird mitgenommen
Geraderichten	■ Zirkel reiten ■ Reiten von Wendungen ■ Tempowechsel ■ Vorhand auf die Hinterhand einstellen ■ Longieren	Beide Hinterbeine tragen gleichmäßig — sie spuren sowohl auf gebogenen als auf geraden Linien — Mittellinie
Versammlung	■ Tempowechsel ■ Übergänge ■ Halbe — Ganze Paraden ■ Außengalopp ■ Handarbeit	Hinterhand arbeitet richtig und trägt. Haltung und Anlehnung gleichbleibend

Übungsbeispiel: Dressur Klasse A — Aufgabe A 3

Aufgabenstellung	richtig	falsch	Ausbildungsfehler
Halten	Aufstellung gerade und geschlossen	schief, über dem Zügel, hinten breit, tritt zurück	psychische Spannung, Überforderung, kein Halten
Anreiten im Schritt	gerader, fleißiger, raumgreifender Schritt im Takt	schief, zögernd, wenig Raumgriff, trabt an	nicht im Viertakt, unrein, festgehaltener Rücken
Antraben, Leichttraben	geregelt, schwungvoll, auf dem richtigen Fuß	eilt, nicht am Zügel, auf dem falschen Fuß	unreguliert, gespannt
Trab aussitzen	in den Ecken und beim Abwenden nach innen gestellt und gebogen	nach außen gestellt, schwungslos	Pferd läßt sich nur einseitig biegen, Zungenfehler
Übergang Schritt	harmonischer, fließender Übergang	Übergang stockend, beinahe haltend	gegen die Hand, undurchlässig
Übergang Halten	siehe oben		
Vorhandwendung	zum seitwärtstreibenden Schenkel gestellt, wenden im gleichmäßigen Rhythmus	nach vorwärts ausweichend, stockend, tritt stark zurück, zu stark gestellt, eilig	reagiert nicht auf seitwärts treibende Hilfen
Antraben	bestimmtes Antraben aus dem Halten, gerade	erfolgt aus dem Schritt, schief, schwunglos	unwillig
Trab auf dem Zirkel	geregelter Trab, schwungvoll, auf die Zirkellinie eingestellt	die Ecken werden ausgeritten, eilig	Pferd steht nur an einem Zügel, verwirft sich im Genick
Angaloppieren	gleichmäßiger Übergang, geregelt, energisch	stürmen in den Galopp, falsches angaloppieren, zu starker innerer Zügel, Gewicht außen	stürmt, ohne Rücken, Viertakt
Aus den Zirkeln wechseln	durchlässig, gut umgestellt	nicht eine Pferdelänge geradeaus, Umstellung zu plötzlich, zu harte Parade, Übergang Schritt statt Trab	Spannung, nimmt die Hilfen nicht sofort an, über dem Zügel
Ganze Bahn Mittelgalopp	deutlicher Tempounterschied energischer Galopp	schief, keine Steigerung, eilig	Pferd wird heftig, undurchlässig
Übergang Schritt	siehe oben		
Kehrtvolte	gut gestellt und gebogen	zu groß angelegt, zu stark gestellt, auf zwei Hufschlägen	nicht im Takt
Mitteltrab	Temposteigerung, gut geregelt, schwungvoll	eilig, galoppiert an, schief, wird nicht erreicht	unreguliert, nicht im Takt, stürmend
Aufstellung	siehe oben		
Reiter	geschmeidiger Sitz, einfühlende Hilfengebung	steif, Stuhlsitz, Spaltsitz, Knie und Absatz hochgezogen, allgemeine Haltungsfehler	steifer Reiter durch zu einseitige sportliche Betätigung
Äußere Ordnung	beim Aufmarsch Zwischenräume eine Pferdelänge, Abstände zwei Pferdelängen	Abstände nicht eingehalten, schlechte Hufschlagfiguren	

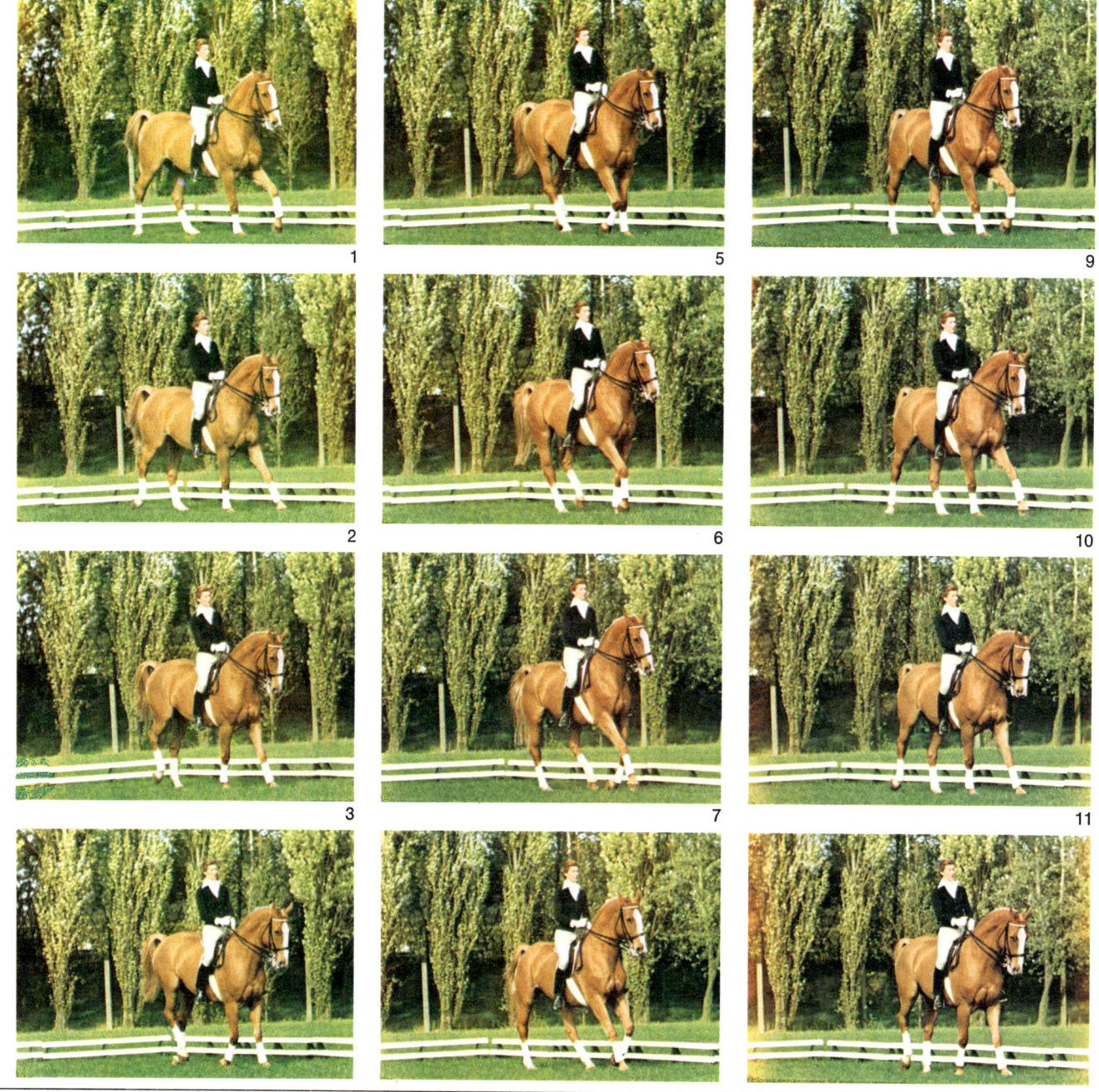

1

5

9

2

6

10

3

7

11

4

8

12

Außengalopp

Zu Bild 1–12
Die Ausführung des Außengalopps setzt einen leichten Versammlungsgrad voraus, der bei zunehmender Ausbildung ein Höchstmaß an Versammlung erreichen sollte.

Linksgalopp auf der rechten Hand:
- das Pferd bleibt links gestellt
- der Reiter belastet vermehrt den linken Gesäßknochen
- der innere, treibende Schenkel liegt am Gurt
- der äußere, verwahrende Schenkel liegt 1 bis 2 Handbreit hinter dem Gurt
- das Genick des Pferdes bleibt der höchste Punkt.

Hinterhandwendung

Hierbei wendet sich das Pferd um 180° auf der Hinterhand. Dabei soll auch der inwendige Hinterfuß nicht am Boden haften bleiben. Der Reiter muß also die Vorwärtsbewegung durch vortreibende Hilfen einleiten. Der äußere Schenkel muß das Pferd zum Seitwärtstreten anregen und solange einwirken, bis der Hufschlag wieder erreicht ist. Um die Vorwärtstendenz des Pferdes zu ermöglichen, ist es ratsam, anfangs den Kreisbogen etwas größer zu reiten. Dadurch, daß bei der Hinterhandwendung ein Pferd in Bewegungsrichtung gestellt wird, muß in der Wendung die Last vermehrt auf die Hinterhand übertragen werden. Entscheidend ist das Zusammenwirken der vortreibenden und der verhaltenden Hilfen, denn ein Pferd muß bei richtiger Kopfstellung weich am Gebiß bleiben und nach vorwärts streben. Sind die treibenden Hilfen zu stark, so kann es sich von den Hilfen freimachen oder zu stark seitwärts treten, der Kreisbogen wird zu groß. Werden die treibenden Hilfen nicht genügend angewendet, so klebt es bei der Wendung mit den Hinterbeinen am Boden. Wirkt die Hand zu stark ein, wird es seitwärts treten, also ausweichen oder zurücktreten, was als schwerwiegender Fehler gilt.

Allgemeine Bemerkungen:

Häufige Fehler in der L-Dressur sind:
- Unreiner Schritt
- wenig Raumgriff
- schwungloser Arbeitstrab
- unreine Tritte bei Tempowechsel
- unzureichende Versammlung
- unreiner Galopp (Vierteltakt, Eilen im Galopp)
- Verhalten im Galopp
- Galoppsprünge ohne sichtbaren Impuls nach vorwärts
- keine Verstärkung im Mittelgalopp
- nicht geschlossenes Halten
- nicht auf allen vier Beinen stehend
- keine ausreichende Biegung in den Wendungen
- mangelnde Durchlässigkeit bei den Übergängen
- das Pferd macht sich teilweise von den Hilfen frei
- der Kandarenzügel steht zu stark an

Rückwärtsrichten:
- eilend oder kriechend

Hinterhandwendung:
- Zurücktreten
- keine Vorwärtstendenz
- keine Stellung.

Gut gerittene Pferde, die sicher am Zügel und mit tätigem Rücken gehen, setzen den Reiter gut hin und sind Prüfstein für das gute reiterliche Gefühl. Der Reiter ist in der Lage, korrekte Hufschlagfiguren zu reiten.

1

5

2

6

3

7

4

8

Hinterhandwendung

Die Hinterhandwendung ist eine versammelnde Übung. Das Pferd ist dabei in Bewegungsrichtung gestellt und gebogen.

Anforderung — Durchlässigkeit
Ausführung — die vor- und seitwärts treibenden Hilfen sichern in der Wendung die aktive Hinterhand auf möglichst engem Kreisbogen
Abschluß — geschlossenes Stehen.

Springstunden

Wenn auch nicht jeder Reiter an einem Turnier teilnehmen will, so hat er vielleicht den Wunsch, sein Pferd im Gelände und in der Bahn doch auch über Hindernisse zu reiten. Das Springen über Hindernisse erfordert viel Übung und kann nur in besonderen Springstunden erlernt werden. In diesen Stunden werden die Schüler ihre Pferde in erster Linie dressurmäßig arbeiten und damit auf die Springübungen vorbereiten. Das kann nicht im Abteilungsreiten erfolgen, sondern die Pferde müssen individuell abgeritten werden. Die dressurmäßige Schulung bildet die Grundlage für die Durchlässigkeit, Wendigkeit und somit Rittigkeit eines Springpferdes.

Im Aufbau gliedert sich eine Springstunde in:

Vorbereitung — Lösen
Hauptteil — Arbeit
Nachbereitung — Entspannung

Die Vorbereitung — das Lösen — bietet verschiedene Möglichkeiten an:

- Schrittreiten
- Leichttraben
- Bodenrickarbeit
- Abgaloppieren des Pferdes im leichten Sitz
- Kurzer Ausritt ins Gelände.

Das Ziel des Lösens ist auf Seite 95 eingehend beschrieben.
Im Hauptteil wird das Pferd vermehrt an die Hilfen gestellt. Bei Anfängern ist es ratsam, die Bügel erst jetzt zu verkürzen. Je nach Können von Pferd und Reiter werden folgende Lernziele angestrebt:

- Galopptraining — Kondition für Pferd und Reiter, Festigung des leichten Sitzes
- Gymnastikspringen — Förderung des Taxiervermögens für Reiter und Pferd, Sprungtechnik und Tempogefühl
- Einzelhindernisse — Schulen das Anreiten.

Ausschnitte aus einem Parcours — Linienführung, Temporeiten.
Das Parcoursspringen gibt Aufschluß über den augenblicklichen Leistungsstand von Pferd und Reiter. Ein Wochenplan umfaßt zum Beispiel das tägliche Lösen, die Rittigkeitsarbeit, die Entspannung, und sieht nur ein- bis zweimal wöchentlich ein ausgesprochenes Springtraining vor.
Zu hohe Anforderungen bringen keinen Erfolg, da dem jungen Reiter noch die notwendige Sicherheit fehlt. Er fühlt sich der neuen Aufgabe noch nicht gewachsen, ist verspannt und ängstlich. Die Kombination Pferd-Reiter kann nicht harmonisch zusammenwirken, die Leistungen werden sich verschlechtern. Springen soll Freude bereiten — auch dem Pferd!

Eintönigkeit in der Springausbildung machen Pferd und Reiter lustlos. Beide sollen immer wieder vor neue Aufgaben gestellt werden, die ihren Anlagen angepaßt sein sollen; daher kann eine Springstunde beispielsweise auch so verlaufen:
Nach dem Abreiten kann der Reiter eine kombinierte Dressur-Spring-Aufgabe reiten, um sich von der Rittigkeit seines Pferdes zu überzeugen. Eine solche kombinierte Übung wird auf einem Dressurviereck von etwa 25 x 60 m ausgetragen und besteht aus Teilen einer Dressurprüfung wie Halten, Rückwärtsrichten, Tempowechsel im Trabe und im Galopp sowie Reiten auf gebogenen Linien. In diese Lektionen werden einzelne niedrige Sprünge eingebaut; sie stehen auf einem Viereck an einer langen Seite, besser noch auf einer der Diagonalen von Wechselpunkt zu Wechselpunkt. Nach dem Sprung innerhalb der Aufgabe muß das Pferd in der Hand des Reiters und sicher an seinen Hilfen bleiben, es darf also nicht wegeilen, und zwar sowohl im Trab als auch im Galopp.
Wird ein Hindernis im Trab angeritten, so wird das Pferd nach dem Sprung zum Trab durchpariert und muß die weiteren Lektionen ruhig im Takt ausführen. Das genaue Einhalten der Hufschlagfiguren ist ausschlaggebend für den Erfolg der zu reitenden Springbahn.

Die Ausbildung des Pferdes

Der Umgang mit dem jungen Pferd

Zu Beginn der Ausbildung eines jungen Pferdes ist seine physische und psychische Entwicklung noch nicht abgeschlossen. Von Natur aus gutmütig, ausgestattet mit einem feinen Instinkt, sucht es das Vertrauen des Menschen. Es ist daher erstes Gebot, sein Vertrauen zu erwerben und zu erhalten. Ein einziges Versagen des Reiters während der Ausbildung, eine unbedachte, ungerechte Strafe durch Verlieren der Selbstbeherrschung können das Vertrauen erschüttern und den Erfolg der Ausbildung in Frage stellen. Selbst ein ungeeigneter oder roher Pfleger kann hierfür die Ursache sein. Man vermeide im Umgang mit Pferden hastige, umständliche Bewegungen, die sie erschrecken können. Beim Reiten selbst darf man nie unsicher sein, sondern man muß seinen Willen mit den gebotenen Mitteln der Stimme und der Einwirkungen klar zum Ausdruck bringen und dem Pferd verständlich machen. Es spürt die Schwächen des Reiters sofort und reagiert entsprechend seinem Charakter durch Unlust oder gar Widersetzlichkeit. Ein dauerhafter Erfolg ist nur möglich, wenn man auch die Psyche eines Pferdes beachtet. Ebenso wie Menschen sind auch Pferde verschieden veranlagt. Es ist durchaus möglich, daß äußerlich leistungsstarke Pferde die Erwartungen nicht erfüllen; dagegen warten nicht selten fehlerhafte, unscheinbare Tiere mit besonderen Leistungen auf. Das ist auf hervorragende Eigenschaften wie ideales Temperament und Nerv zurückzuführen. Schnelle Reaktionsfähigkeit oder Gelehrigkeit sowie die individuelle Veranlagung lassen im Laufe der Zeit die jeweilige Eignung als Spring-, Dressur- oder Vielseitigkeitspferd erkennen.

Die erste Arbeit mit jungen Pferden

In früheren Zeiten, als das Pferd noch hauptsächlich in der Landwirtschaft verwendet wurde, begann seine Ausbildung im Geschirr. Mit älteren Pferden eingespannt, wurden sie bei ermüdender Arbeit schnell mit den täglichen Anforderungen vertraut. Nach der Weidezeit werden die Pferde heute in einem Alter von 3—4 Jahren angeritten. Zweifellos ist es richtig, Pferde dreijährig anzureiten. Man sollte ihnen danach aber noch eine ganze Weidesaison gönnen, wenn sie noch nicht voll entwickelt sind. Das wird sich immer zugunsten der weiteren Entwicklung des jungen Pferdes auswirken.

Kommt ein Pferd direkt von der Weide, so ist die Futterumstellung zu berücksichtigen. Es wird einige Tage geführt und mit der neuen Umgebung vertraut gemacht. Der ständige vertrauensvolle Umgang mit jungen Pferden macht es leicht, Zäumung und

Sattel aufzulegen, sofern es ruhig und geschickt gehandhabt wird. Die Trense muß vorher annähernd richtig verpaßt sein, damit das Tier nicht unruhig gemacht wird. Sattel und Longiergurt dürfen behutsam angelegt, aber nur lose angezogen werden. Danach wird das Pferd aus der Box in die Bahn geführt. Ängstliche Pferde kann man aus Vorsichtsgründen auch behutsam in der Bahn satteln.

Das Longieren

Die erste Arbeit des Pferdes beginnt mit dem Longieren. Ähnlich wie kleine Kinder lernen auch Pferde sehr schnell. Sie bringen dem Menschen viel Vertrauen entgegen, und dieses Vertrauen darf auf keinen Fall gestört werden. Selbst ängstliche Pferde lassen sich schnell beruhigen, wenn das Longieren behutsam durchgeführt wird und man kleine Unstimmigkeiten großzügig übergeht. Nicht nur beim Longieren, sondern grundsätzlich ist die Stimme des Longenführers ausschlaggebend für den Erfolg. Hebt man die Stimme etwas an oder spricht energisch, so hat sie eine treibende Wirkung; senkt man sie, so wirkt sie beruhigend und vorwärtshemmend.
Steht keine Reitbahn zum Longieren zur Verfügung, so grenzt man einen Longierzirkel im Freien mit Strohballen oder Bodenricks ab, damit ein junges Pferd nicht nach außen ausweichen kann. Auch in der Reitbahn sollte man bei jungen Pferden die offene Seite des Zirkels abgrenzen.
Zum Longieren benötigen wir Ausbindezügel, eine Longe und eine Longierpeitsche. Die Ausbindezügel müssen bei jungen Pferden so lang geschnallt werden, daß keine Verbindung mit dem Pferdemaul besteht, das Pferd also die Ausbindezügel zuerst gar nicht wahrnimmt. Die Longe ist etwa 7 m lang und wird so im Trensenring verschnallt, daß Trensenring und Reithalfter erfaßt werden. Natürlich soll die Bedeutung des Kappzaumes nicht verkannt werden; aber in den seltensten Fällen steht er zur Verfügung. Man beginnt zunächst mit einem Longiergurt, nach einigen Tagen mit einem Sattel. Mit viel Geduld und Ruhe wird der Longen- und dann der Sattelgurt vorsichtig angezogen. Im ersten Augenblick wird das Pferd gar nicht reagieren; erst beim Anführen, also in der Bewegung, versucht es, mit dieser neuen Situation durch einige Sprünge fertig zu werden. Aber bereits nach kurzer Zeit hat es sich daran gewöhnt. Muß der Longenführer mit der Longe einwirken, so wird das Gebiß den Druck nicht mehr allein auffangen, sondern auch das Reithalfter. Da junge Pferde noch nicht sicher auf dem Kreisbogen eines Zirkels gehen können und auszuweichen versuchen, könnte sonst das Gebiß nach einer Seite herausgezogen werden. Die Pferde werden dadurch unwillig und lernen gleich, die Zunge hochzuziehen. Das Pferdemaul muß also so schonend wie möglich behandelt werden. Die Longenpeitsche mit einer langen Lederschnur muß bei Bedarf das Pferd erreichen können. Diese vortreibende Hilfe ist vorsichtig anzuwenden, und zwar so, daß die Peitsche in Bewegungsrichtung des Pferdes von hinten bis in die Höhe der Sprunggelenke herangebracht wird. Mit der Longierpeitsche wird es auch auf die Zirkellinie zurückgeführt, wenn es ständig nach innen hereindrängt. Die Peitschenschnur wird hierzu in Bewegungsrichtung an die Pferdeschulter herangebracht, um das Pferd nach außen zu bringen. Das kann auch mit der Longe erreicht werden, aber nur bei Tieren, die schon längere Zeit longiert werden, und zwar so: Man gibt leichte halbe Paraden mit der Longe, die das Pferd wieder nach außen bringen.
Der Longenführer steht in der Mitte des Zirkels und bleibt auf einem Punkt stehen; er führt das Pferd also um sich herum. Ändert er ständig seinen Standpunkt, so kann es vorkommen, daß er leicht vor dem Pferd steht und nicht mehr seitlich, es versucht dann kehrtzumachen. Wichtig

1

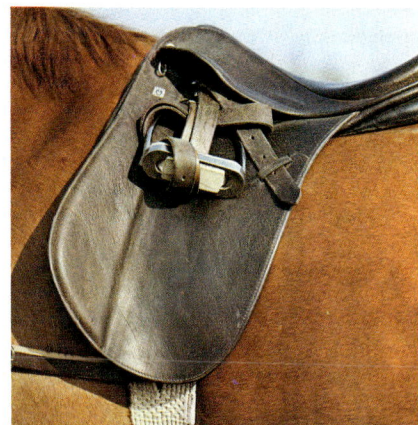

2

3

4

5

6

ist, daß die Longe ständig ansteht und nicht durchhängt, also auch beim Longieren eine gleichmäßige Verbindung mit dem Pferdemaul besteht und erhalten bleibt. Dazu darf die Hand des Longenführers vorübergehend etwa bis zur Schulterhöhe angehoben werden; grundsätzlich bleibt die führende Hand jedoch in Hüfthöhe.

Das Longieren eines Pferdes beginnt auf der linken Hand, da ihm die Linkswendung leichter fällt. Ferner weil dies von Jugend auf die gewohnte Seite ist: wir füttern, führen und satteln ein Pferd immer auf der linken Seite. Außer dem Longenführer in der Mitte steht ein Gehilfe an der linken Seite des Pferdes hinter der Longe, und vielleicht geht noch ein Dritter hinter dem Pferde, um es durch Zuruf weiter anzuregen. Es wird nun im Schritt angeführt und soll den Kreisbogen eines Zirkels kennenlernen. Durch Abklopfen und Zureden soll das Vertrauen zur ersten Arbeit erreicht werden. Gelingen diese Versuche, so kommt der Helfer am Kopf des Pferdes immer mehr zum Longenführer in der Mitte herein. Beim ersten Trabversuch dann werden Pferde oftmals davonstürmen. Der Longenführer darf deshalb nicht zu stark mit der Hand einwirken, dagegen das Tempo und die Gangart annehmen, bis sich das Pferd wieder beruhigt hat. Junge Pferde ermüden

Richtiges Anführen eines Pferdes beim Longieren. Der Longenführer bleibt in der Mitte stehen und bringt das Pferd nach und nach zum Hufschlag des Zirkels.

Bild in der Mitte: Anführen eines jungen Pferdes beim ersten Longieren.

sehr schnell, und man sollte sich auch beim Longieren mit kleinen Fortschritten begnügen.
Erst wenn das Pferd sicher auf der linken Hand geht, kann mit der Rechtsarbeit begonnen werden. In spätestens acht Tagen ist es so weit vorbereitet, daß mit dem Anreiten begonnen werden kann.

Das Longieren älterer Pferde

Das Longieren älterer Pferde geschieht aus mehreren Gründen. Sie sollen vor allem an der Longe gymnastiziert werden, das Reiten kann dadurch aber nie ganz ersetzt werden. Man wird auch oft Pferde longieren, die sich unter dem Reiter nicht schnell lösen, ferner natürlich verrittene Pferde.
Beim Longieren gelten die gleichen reiterlichen Grundsätze. Der Longenführer muß zum Treiben kommen, nur dann hat es überhaupt einen Sinn. Die Pferde müssen im Takt, losgelassen und schwungvoll an der Longe gehen und den Weg in die Tiefe suchen. Die Ausbindezügel werden so verkürzt, daß die Nase des Pferdes etwas vor der Senkrechten mit einer leichten Stellung nach innen bleibt. Der innere Ausbindezügel wird bis zu zwei Loch kürzer geschnallt. Wer richtig longieren gelernt hat, kann es sich auch erlauben, die Ausbind-

zügel gleich lang zu verschnallen (den inneren also nicht zu verkürzen). Bei zunehmender Losgelassenheit stellt sich das Pferd auf die Zirkellinie ein und ist leicht gebogen. Der innere Ausbindezügel wird dann etwas durchhängen, ohne daß die Anlehnung zum inneren Zügel verloren geht, denn die Longe hat einen ständigen Kontakt zum inneren Trensenring.
Die Anlehnung, bestehend aus
— äußerem Zügel — innerem Zügel (gegeben durch die beständige Longenführung)
— anregender Peitschenhilfe (von hinten),
zwingt das Pferd, sich schwungvoll an beide Zügel heranzustrecken. Die Stimme des Longenführers bestimmt die Gangart des Pferdes.
Beim Halten muß ein Pferd auf der Zirkellinie bleiben; der Longenführer verkürzt die Longe, indem er die gewonnenen Schlaufen in die Hand legt und folglich den Pferdekopf erreicht. Mindestens alle 10 Minuten ist die Hand zu wechseln. Die Longe wird umgeschnallt, dann werden die Ausbindezügel korrigiert (auf der linken Hand nach links, auf der rechten Hand nach rechts stellen) und das Pferd nach vorwärts angeführt. Der Longenführer steht seitlich vom Pferd und führt es mit der Peitsche langsam nach außen. Dabei läßt er die Longe aus der Hand glei-

ten, jedoch nicht plötzlich, sondern so, daß die weiche Verbindung mit dem Pferdemaul erhalten bleibt. Das Ziel der Ausbildung ist, ein Pferd zur Losgelassenheit zu bringen, daß es sich an den Ausbindezügel heranstreckt und schwungvoll an der Longe geht. Wer ein Pferd longiert, muß ständig beobachten und genau abwägen, wann zu treiben ist und wie stark die treibende Hilfe sein darf.

Das Longieren verdorbener Pferde erfordert viel Erfahrung; sie gehen verkrampft und machen sich steif. Einseitige Verkrampfungen lassen sich nicht dadurch beheben, daß die Ausbindezügel entsprechend kürzer geschnallt werden, sondern es müssen die Losgelassenheit und Zwanglosigkeit wieder erreicht werden. In erster Linie ist die Rückentätigkeit wieder zu gewinnen. Hierzu kann

man ein oder mehrere Bodenricks verwenden, die man kreisförmig auf die Zirkellinie ausrichtet. Häufig wird versucht, durch starkes Verkürzen der Ausbindezügel und starkes Vorwärtstreiben die Pferde zum Nachgeben im Genick mit Gewalt zu bringen. Werden jedoch die Ausbindezügel nach dem Longieren entfernt, so stellen sich doch die gleichen Schwierigkeiten wie vorher wieder ein. Bei verdorbenen Pferden werden die Ausbindezügel normal verschnallt, auch wenn sie etwas über dem Zügel gehen. Dann wird das Tempo so weit zurückgeführt — ohne irgendwie zu treiben —, bis ein Pferd im Schritt ruhig schreitet oder im Trabe schwunglos geht. Sodann wird es versuchen, sich zu strecken und den Weg in die Tiefe zu suchen. Das Korrigieren verdorbener Pferde

nimmt gewöhnlich die doppelte Zeit der normalen Ausbildung in Anspruch. Ist die Losgelassenheit wieder erreicht, so vollzieht sich wieder der normale Aufbau: das Pferd wird zum fleißigen, schwungvollen Gehen veranlaßt.

Richtiges Longieren muß unbedingt erlernt werden, nur dann kann man seine Bedeutung auch vollauf einschätzen.

Das Longieren von Springpferden

Bei jungen Springpferden bildet das Longieren die dressurmäßige Grundlage: sie sollen losgelassen gehen. Das Longieren bietet hier eine Erleichterung und gehört mit zum Ausbildungsplan.

Bei älteren Springpferden wendet

Erstes Aufsitzen bei einem jungen Pferd. Dabei darf der Longenführer nicht vor dem Pferd stehen, sondern links neben dem Kopf des Pferdes. Es kann sofort nach vorne angeführt werden, sobald der Reiter vorsichtig in den Sattel gehoben wurde.

man das Longieren häufig dann an, wenn sie nach anstrengenden Turniertagen wieder in Arbeit genommen werden; dann longiert man sie 20 Minuten oder eine halbe Stunde. Bei ihnen kommt es lediglich darauf an, die durch dressurmäßige Ausbildung bereits erreichte Geschmeidigkeit zu erhalten. Bei jungen Pferden will man die Geschmeidigkeit verbessern. Und zwar ergänzt man diese Arbeit durch Treten über Bodenricks oder kleinere Sprünge an der Longe (bis zu 50 bis 60 cm hoch). Hierbei ist es wichtig, daß die Ausbindezügel länger geschnallt werden, damit sie sich beim Springen strecken und den Rücken hergeben können und nicht etwa dabei durch die Ausbindezügel gestört werden.

Wichtig ist ferner, daß die Verbindung mit dem Pferdemaul durch die Longe bestehen bleibt. Das kann entweder durch Aufeinanderstellen von Bodenricks oder einen Sprung erfolgen; dann muß jedoch eine Stange auf den inneren Ständer gelegt werden, damit die Longe niemals hängen bleiben kann, sondern jeweils über die Stange abrutscht.

Von der Losgelassenheit vermag sich der Longenführer dadurch zu überzeugen, wenn das Pferd nach dem Sprung auf der linken Hand im Linksgalopp bleibt und auf der rechten im Rechtsgalopp.

Machen sich Pferde steif, so werden sie im Kreuz- oder Außengalopp weitergaloppieren. Dieses Springen an der Longe darf jedoch nicht zu lange ausgeführt werden, da die Pferde auf dem Kreisbogen schneller ermüden. Vorhandene Schwächen beim Pferd, wie Sich-Versteifen, können nur mit Geduld und gezielter Anwendung von Bodenricks oder einem kleinen Sprung beseitigt werden.

Das Anreiten junger Pferde

Das Anreiten junger Pferde erfordert sehr viel Einfühlungsvermögen und Können des Reiters sowie seiner Gehilfen. Ist ein Pferd durch die Longenarbeit so weit vorbereitet, daß es angeritten werden kann, so wird ein guter, nicht ängstlicher Reiter vorsichtig in den Sattel gehoben. Er nimmt die verkürzten Bügel auf, um den Pferderücken entlasten zu können.

Das junge Pferd bleibt an der Longe, der Longenführer hält es am Kopf fest. Will es beim Spüren der Bela-

   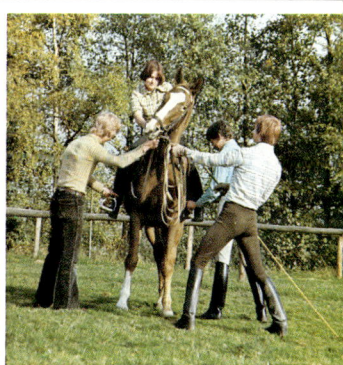

stung im Rücken gleich losstürmen, so muß es sofort antreten können, denn jede Bewegung nach vorwärts entspricht seinem natürlichen Drang. Die durchaus im Bereich des Möglichen liegenden Bocksprünge kann ein guter Reiter geschickt aussitzen, während der Longenführer ständig beruhigend auf das Pferd einspricht. Kommt es von der Weide und hat noch wenig Kraftfutter erhalten, so wird es rasch ermüden und den Reiter bereits nach kurzer Zeit als unabänderliches Übel hinnehmen. Besonders wichtig ist es, anfangs nicht zu viel zu verlangen, sondern sich hauptsächlich mit dem Auf- und Absitzenlassen zu begnügen und nicht etwa gleich eine halbe Stunde lang reiten zu wollen. Sobald sich der erste Widerstand infolge Ermüdung zeigt, wenn ein Pferd nicht mehr recht vorwärts gehen will, so sollte man aufs erste aufhören, aber nicht etwa durch Zwang Widersetzlichkeit hervorrufen. In den nächsten Tagen kann die Arbeit jeweils etwas verlängert werden. Besteht die Möglichkeit, daß ein älteres Pferd vorausgeht, kann die Longe nach dem ersten Anreiten entfernt werden.

Die andere Möglichkeit besteht darin, daß ein Pferd sachgemäß über einen längeren Zeitraum longiert wird. Hier geht es sicher auf beiden Händen an der Longe, hat sich auf dem Zirkel bereits ausbalanciert und nimmt schon die Hilfen des Longenführers an. Bei jungen Pferden, die zutraulich, also nicht schwierig sind, ist das der gegebene Weg. Bei unruhigen oder ungezogenen, also nicht ganz einfachen Pferden, ist es besser, man läßt sie erst gar nicht zu Kräften kommen, indem sie richtig durchgefüttert werden, sondern man nimmt hier das schnelle Ermüden als wirksame Hilfe mit in Kauf, indem man sagt: zwei Tage von der Weide, etwas eingewöhnen und gleich mit der Reiterei beginnen. Dadurch erspart man sich bei solchen Pferden eine Menge Schwierigkeiten. Es soll aber nochmals darauf hingewiesen werden, daß längeres Longieren vor dem Anreiten eines Pferdes dieses besser ins Gleichgewicht bringt. Es hat dann den Takt gefunden und, ohne zu eilen oder häufig umzuspringen, ist auch der Galopp gefestigt. Wird das Pferd ohne lange Vorbereitung sofort angeritten, findet es unter dem Reiter sehr viel später sein Gleichgewicht. Der erfahrene Reiter weiß das zu berücksichtigen und entwickelt vorerst vermehrt den natürlichen Vorwärtsdrang seines Pferdes.

Selbstverständlich werden junge Pferde ohne Sporen angeritten. Der Reiter nimmt den leichten Sitz ein und wird, wenn er treibend einwirken kann, eine nicht über 1 m lange Gerte hinzunehmen. Beim ersten Anreiten muß der Reiter grundsätzlich das Tempo und die Gangart annehmen, die ein Pferd anbietet. Hat es sich mit dem Reitergewicht abgefunden, kann der Reiter die Gangart bestimmen, und zwar Schritt und Trab. Das junge Pferd, das sich auf der Weide ohne Reiter völlig im Gleichgewicht bewegt, muß es unter dem Reitergewicht erst wieder finden. Die nächste Bemühung ist darauf ausgerichtet, daß ein Pferd vorwärts und gerade geht und nicht mehr schwankend. Ist dieser Impuls nach vorwärts erreicht, so wird der Reiter eine leichte, gleichmäßige Verbindung zum Pferdemaul herstellen, vorerst aber nur im Trabe. Im Schritt sollen junge Pferde zwanglos, fast ohne Verbindung zum Pferdemaul frei schreiten können. Ein festgehaltener Rücken mit wenig Raumgriff oder paßartigem Gehen ist sonst die Folge.

Junge Pferde sollen sich nicht erst nach vorwärts-abwärts im Halse strecken, wenn sie ermüden. Durch die Streckung im Halse wird besonders die Rückentätigkeit gefördert und die Rückenmuskulatur gekräftigt. Erst dann vermag es den Reiter mit seinem vollen Gewicht zu tragen. Spricht man von einer reellen Grundlage des Pferdes, so ist dieses In-die-Tiefe-Reiten vorausgegangen, und damit wurden fast alle Schwierigkeiten beseitigt. Nur dieser Ausbildungsweg ermöglicht eine echte Gymnastizierung eines Reitpferdes.

Der erfahrene und geschickte Reiter wird dieses Ziel schon nach einigen Wochen erreichen und dabei feststellen können, wie gelehrig gerade junge Pferde sind. Besondere Hilfszügel, wie Schlaufzügel, sind abzulehnen. Hier liegt der Fehler nicht am Pferd, sondern beim Reiter. Etwas länger geschnallte Ausbindezügel können vorübergehend eine wertvolle Hilfe sein.

Die ersten Übungen

Lassen sich junge Pferde gut abwenden und gehen sicher auf dem Zirkel, wird das Angaloppieren geübt. Das fällt ihnen auf der linken Hand leichter als auf der rechten, und welcher vernünftige Mensch wird etwa mit der schwierigeren Seite beginnen? Der günstigste Augenblick ergibt sich, wenn das Pferd die geschlossene Seite des Zirkels erreicht. Durch vermehrtes Vorwärtsreiten und Treiben mit dem inneren Schenkel kann der Reiter das Pferd zum Angaloppieren veranlassen. Nach außen kann es sich nicht entziehen, da ihm die Bande Halt gibt. Es wird also angaloppieren. Erst wenn es sicher auf der linken Hand gelingt, wird sie gewechselt. Auf der rechten Hand nun können die ersten Schwierigkeiten auftauchen, und zwar dadurch, daß ein Pferd ständig falsch angaloppiert. Harte Strafen

sind unangebracht und führen lediglich zu Verkrampfungen. Bei falschem Angaloppieren soll der Reiter ruhig durchparieren und möglichst sofort nach ein bis zwei Trabtritten neu angaloppieren. Nach einigen dieser Versuche wird das Pferd es lernen, die Hilfen zum Rechtsgalopp ebenso sicher anzunehmen wie zum Linksgalopp, vorausgesetzt natürlich, daß sie ruhig gegeben werden. Nach jedem richtigen Versuch soll man das Pferd loben.

Die Ausbildung eines jungen Pferdes wird in 3 Phasen eingeteilt:

- Vertrauensperiode
- Entwicklung der Schubkraft
- Entwicklung der Tragkraft.

Das junge Pferd muß lernen, sein Gleichgewicht unter dem Reiter wieder zu finden.

Bild 1 und 2:
Sichtbare Dehnung des Halses beim jungen Pferd im Trabe und im Galopp.

Bild 3 und 4:
Beim Zügel-aus-der-Hand-kauen-lassen muß sich das Pferd nach vorwärts-abwärts strecken, ohne eiliger zu werden; hier veranschaulicht im Schritt und Galopp.

1

2

3

4

Zeitpunkt des Aussitzens

Durch die Entlastung des Rückens hat es der Reiter dem Pferde erleichtert, den Weg an die Reiterhand in die Tiefe zu suchen. Wurde die Anlehnung in dieser Haltung beständig, so wird der Reiter mehr im Sattel Platz nehmen, ohne mit Kreuz reiten zu wollen; er wird sich lediglich schwerer machen. Pferde, die dazu neigen, hinter dem Zügel zu gehen oder das Gebiß nicht anzunehmen, müssen mehr vorwärts geritten werden; dadurch zwingt man sie, an das Gebiß heranzutreten. Neigen Pferde zum Eilen — der Reiter kommt also gar nicht zum Treiben — muß so lange auf gebogenen Linien geritten werden, bis sie sich mehr ausbalanciert haben. Unter gebogenen Linien ist vorläufig das Abwenden auf dem Zirkel zu verstehen.

Eine formende Reiterhand bringt ein Pferd nicht zur absoluten Streckung, sondern das Pferd sieht eine Stütze in der Hand des Reiters und entzieht sich somit seinen Hilfen. Der beste Prüfstein für den Reiter selbst ist ein ständiges Nachgeben. Versucht sich ein Pferd dabei in die Tiefe zu strecken, ohne gleichzeitig mit dem Kopf nach unten zu stoßen, dann ist die Ausbildung immer in Ordnung. Eine nachgebende Hand darf auch niemals die Verbindung zum Pferdemaul ganz aufgeben.

Denken wir auch immer daran, daß lange Trab- und Galoppreprisen junge Pferde ermüden und sie sich gerade dann als Folge der Ermüdung von den Hilfen frei machen wollen. Der Schritt am Zügel ist erst dann zu reiten, wenn ein Pferd im Trabe und im Galopp sicher und beständig am Zügel geht.

Nach einigen Monaten der Ausbildung muß dieses Ziel erreicht sein. Wer jahrelang diesen Weg anstrebt — angeblich, um sein Pferd zu schonen —, bildet es nicht sachgemäß aus. Kleine Fortschritte in der Ausbildung belohnt man dadurch, daß man anschließend aufhört und seinem Pferd nicht gleich alles auf einmal beibringen möchte. Beachten wir, daß Pferde nach längerer Arbeit auch Muskelkater haben, und, wie wir selbst auch, nicht jeden Tag gleich gut reiten, sie also auch nicht immer gleich gut gehen können. Um die führende Hand des Reiters besser zu unterstützen, lernen die Pferde nun das Schenkelweichen; sie werden schenkelgehorsam gemacht, und zwar mit leichter Hilfe der Gerte und bei anfangs geringem Grad der Abstellung. Danach ist die Vorhandwendung zu üben.

Das Rückwärtsrichten ist ja eigentlich der Beweis der absoluten Durchlässigkeit, aber gerade diese Lektion muß sinnvoll geübt werden. Nach dem Longieren kann das Pferd an die lange Seite der Bande geführt und

der Versuch von unten (also ohne Reiter) gemacht werden, es mit beiden Zügeln einige Tritte zurückzurichten, eventuell mit Unterstützung einer Gerte, die an die Vorderbeine herangeführt wird. In erster Linie gilt es, einem Pferd begreiflich zu machen, was man von ihm will. Unter einem Reiter wird es so ausgeführt, daß der Rücken entlastet und das Pferd mit einigen wenigen Tritten zurückgerichtet wird. Bei einem gut gerittenen Pferd bleibt der Reiter dabei aufrecht im Sattel sitzen, ohne sich jedoch besonders schwer zu machen. Sperrt sich ein Pferd bei den ersten Versuchen unter dem Reiter, so führt er am besten eine Vorhandwendung aus und läßt in dieser Wendung einige Tritte zurücktreten. Grundsatz: Niemals ein Sperren des Pferdes mit Gewalt beheben wollen, sondern durch Anreiten nach vorwärts oder seitwärts die Verkrampfung des Pferdes beseitigen! Ist ein Pferd schenkelgehorsam, kann auch das Angaloppieren aus dem Schritt geübt werden.

Ausgleichstraining

Das beste Ausgleichstraining für das junge Pferd ist das Reiten im Gelände. Im Wechsel zwischen Bahn und Geländearbeit soll es heranreifen. Nach dem ruhigen, sinnvoll gestalteten Reiten im Gelände kann man, mit

einem nervlich gut erholten Pferd, am nächsten Tag wieder mit der Arbeit beginnen. Die Gefahr, das junge Pferd durch monotones Treiben stumpf zu machen, besteht im Freien nicht. Mit leichtem Klettern erreicht man gleichzeitig eine Dehnung und Kräftigung der Rückenmuskulatur. Ein kleiner Spazierritt vor der Arbeit erleicht das Lösen, nach der Arbeit dient er der Entspannung von Pferd und Reiter.

Arbeit über Bodenricks

Es ist zweckmäßig, Bodenricks mit einer kreuzweisen Auflage zu wählen. Diese Bodenricks können wahlweise in einer Höhe von ca. 10 cm — 20 cm — und 30 cm aufgestellt werden. Im Schritt wird nur über 10 cm hohe Bodenricks geritten, die im Abstand von 80 cm — 1 m auseinander zu stellen sind. Im Trabe wird über 10 und 20 cm hohe Bodenricks geritten, bei einer Entfernung von 1,20 — 1,40 m. Die Höhe von ca. 30 cm wird für die ersten Springübungen verwendet. Das Vertrautmachen des jungen Pferdes kann als Vorstufe mit einer am Boden liegenden Stange beginnen. Das Treten über Bodenricks macht das Pferd trittsicher, gewandt und festigt sein Gleichgewicht. In einem schwungvollen Arbeitstrab im Leichttraben werden zuerst einzelne, dann 2 — 3 Bodenricks hintereinander überwunden. Die Abstände zwischen den Bodenricks richten sich nach dem Raumgriff des Pferdes im Trab. Die Anforderungen dürfen nur langsam gesteigert werden, sie sollten eine Übungsdauer von 20 Minuten nicht übersteigen. Im Laufe der Ausbildung können bis zu 4 Bodenricks, im Abstand bis zu 1,40 m, hintereinander gelegt werden.

Ziel dieser Ausbildung ist es, das Dehnen des Halses nach vorwärtsabwärts bei nachgebender Hand des Reiters zu erreichen. Als Folge der energisch trotenden Hinterhand wird sich der Rücken wölben und schwingen. Diese Bodenrickarbeit erfordert viel Geschick und Einfühlungsvermögen des Reiters. Da das Pferd gezwungen ist, seine Tritte nach den am Boden liegenden Stangen auszurichten, ist ein gleichbleibendes

Wenden

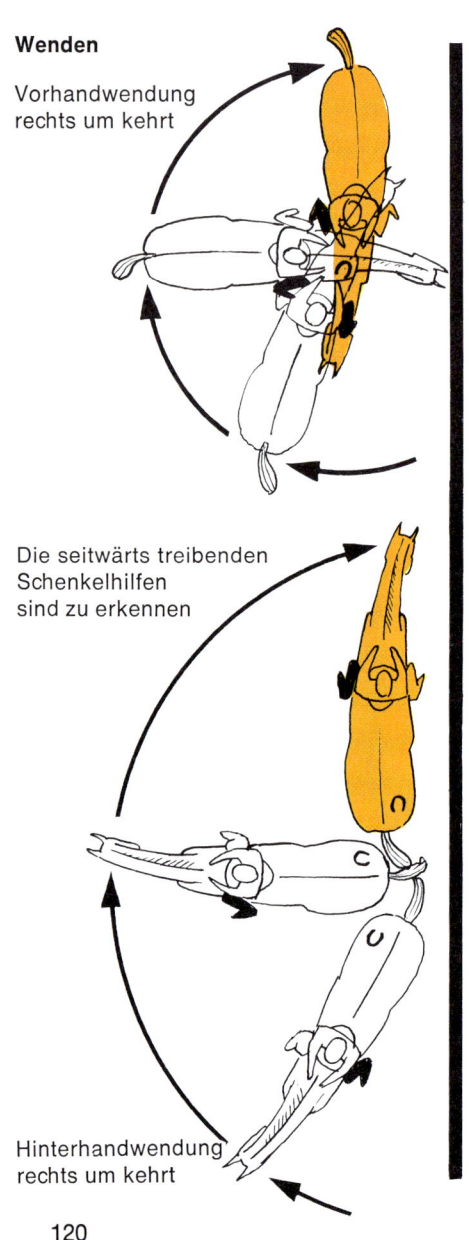

Vorhandwendung
rechts um kehrt

Die seitwärts treibenden
Schenkelhilfen
sind zu erkennen

Hinterhandwendung
rechts um kehrt

Tempo erforderlich. Wichtig ist auch ein gerades und schwungvolles Anreiten. Bei zu wenig Schwung muß der Reiter schon vor und auch über den Bodenricks aktiv einwirken. Eilt ein Pferd, so kann es durch passives Verhalten des Reiters beruhigt und reguliert werden. Stürmt es oder galoppiert es sogar an, so ist ein großer Zirkel anzulegen und aus der Wendung heraus das Bodenrick anzureiten. Dadurch wird das Tempo reguliert und der Reiter kommt leichter zum Treiben.

Das Ziel einer soliden Ausbildung sollte die sichere Beherrschung der Lektionen einer A-Dressur nach einer einjährigen Arbeit sein. Im Laufe der letzten Monate des Jahres müssen die einzelnen Lektionen ausgefeilt werden. Die Durchlässigkeit ist durch ständigen Tempowechsel zu verbessern. Entscheidend ist die korrekte Ausführung der Lektionen und besonders die konsequente Zirkelarbeit. Wie schwer es ist, auf dem Zirkel zu reiten, kann nur derjenige ermessen, der sich von Zirkelpunkt zu Zirkelpunkt bewegen kann, der eine halbe Länge vorher ankommt und eine halbe Länge danach abwendet, sich somit immer richtig auf dem Kreisbogen des Zirkels befindet. Durch häufiges Reiten einer Dressuraufgabe erhalten Pferd und Reiter Sicherheit und geben dem Lehrer Aufschluß über den Stand ihrer Ausbildung.

Der Aufbau von Übungsstunden

Die Grundausbildung umfaßt die konditionelle Entwicklung von Pferd und Reiter sowie die Verbesserung von Gang, Gleichgewicht, Durchlässigkeit und Gehorsam. In der vielseitigen Grundausbildung wird es für Pferd und Reiter mehrfach Gelegenheit gegeben haben, die Veranlagung beider deutlich zu erkennen. Es zeigte sich, ob das Pferd auf Grund des Temperaments und der guten Grundgangarten mehr zum dressurmäßigen Reiten geeignet ist, oder ob die Veranlagung mehr beim Springen oder in der Vielseitigkeit liegt.

Die tägliche Übungsstunde ist die kleinste Einheit im Übungs- und Lehrplan. Auf ihr baut sich ein Rhythmus auf, der das Training über Tage — Wochen — Monate und Jahre entwickelt. Dieser Rhythmus ist einzelnen Phasen unterworfen:

- Aufbauphase — Grundausbildung des Pferdes
- Ausbauphase — Erlernen neuer Lektionen der Dressur Klasse A—L Springgymnastik Springen einzelner oder mehrerer Hindernisse
- Spezielle Ausbauphase — Reiten von Dressuraufgaben Parcoursspringen Galopptraining — Springtraining im Gelände

Gewöhnung an andere Platzver-
hältnisse und fremde Hindernisse
- Turnierphase — sicheres Springen
in gleichbleibendem Galopprhyth-
mus
Temposteigerung
Verbesserung der Linienführung
- Aktive Erholungsphase — Reiten im
Gelände
Erhaltungstraining von Leistung
und Kondition.
- Longieren.

Aufbau einer Trainingsstunde

Die Ausbildungsstunde sollte metho-
disch aufgebaut sein, doch individuell
auf das junge Pferd abgestimmt wer-
den.
- Lösungsphase — Losgelassenheit
von Pferd und Reiter erreichen
- Arbeits- und Überprüfungsphase —
Erlernen neuer Lektionen
Verbesserung schon gekonnter
Aufgaben
Steigerung des Leistungsver-
mögens
Überprüfung des Leistungsstandes
- Entspannungsphase — Beruhigen-
der Abschluß
Pferd trockenreiten
Entspannung für Pferd und Reiter
im Gelände.

Hinterhandwendung

Bei richtiger Ausführung muß ein
Pferd auf möglichst engem Kreisbogen wenden und in Bewegungsrichtung gestellt werden. Anfangs ist
darauf zu achten, daß es vorrangig in
der Vorwärtsbewegung bleibt, auch
wenn der Kreisbogen etwas größer
ausfallen sollte; es genügt zunächst,
wenn das Pferd ganz wenig in Bewegungsrichtung gestellt wird. Bei wiederholten Übungen kann an eine
immer bessere Ausführung gedacht
werden.
Mindestens zweimal wöchentlich wird
ein Pferd nun auf Kandare gezäumt,
wobei die Kandarenzügel anfangs ausgeschaltet und die Kinnkette so eingehängt wird, daß die Kandarenwirkung
kaum zur Geltung kommt. Die Kinnkette wird am äußeren Kinnkettenhaken von innen eingehängt, nach rechts
ausgedreht und innen von außen her
in den inneren Kinnkettenhaken eingehängt. Werden die Kandarenzügel
aufgenommen, so entsteht an den
unteren Anzügen der Kandare ein
Winkel von etwa 30° zur Maulspalte.
Weitere Übungen zur Förderung der
Durchlässigkeit führen zur Versammlung in Trab und Galopp.
Die Pferdeausbildung darf nicht einseitig erfolgen. Mit jungen Pferden
reitet man am besten ein- bis zweimal
wöchentlich ins Gelände. Klettern und
reiten über unebenes Gelände im

Wald fördern besonders die Losge-
lassenheit. Verlorene Gehlust wird im
Gelände wiedergewonnen, außerdem
gewöhnen sich die Pferde an äußere
Einflüsse wie Lärm und Verkehr. Das
Geländereiten ist auch eine gute
Gymnastizierung.

Vorbereitung zur L-Dressur

Gute Leistungen von Pferd und Reiter
werden sich erst nach einer mehrjäh-
rigen, systematischen Ausbildung
entwickeln. Aufbauend auf der soliden Grundausbildung des Pferdes,
das gehorsam, losgelassen und im
Takt die Lektionen der Dressur
Klasse A beherrscht, beginnt man
nun mit dem Training der L-Lektio-
nen. Ein leichter Versammlungsgrad
wird durch die weitere Entwicklung
des Arbeitstrabes erreicht, indem der
Trab ausdrucksvoller und erhabener
gestaltet wird. Häufige Übergänge
aus dem Mitteltrab zum Arbeitstrab
und umgekehrt werden die Energie
der Hinterhand anregen. Durch diesen Wechsel zwischen Streckung und
Beugung läßt sich die Schwung- und
Tragkraft der Hinterhand allmählich
steigern. Anfangs sollte die Versammlung nur über kürzere Zeit-
spannen geübt werden, da Überanstrengung nur Widersetzlichkeiten
hervorruft.
Werden die Tritte beispielsweise

flach und verlieren an Ausdruck, so sind Rückentätigkeit und Anlehnung durch schwungvolleres Vorwärtsreiten zunächst wieder in Ordnung zu bringen.

Legt sich das Pferd im versammelten Tempo auf die Hand, so müssen leichte halbe Paraden und Hilfen, wie Kreuz und Schenkel, die Hinterhand anregen, um die Selbsthaltung des Pferdes wieder herzustellen.

Immer muß bei der versammelten Arbeit im Galopp auf die Lebhaftigkeit des Galoppsprunges, den Takt und das Geraderichten geachtet werden. Ein weiches, gerades Antreten zum Galopp aus dem Mittelschritt und eine durchlässige Parade zum Schritt – nach wenigen Galoppsprüngen – entwickeln die Versammlung. Wird die Galopparbeit anfangs zu lange ausgedehnt, neigt das Pferd dazu, die schon erreichte Biegsamkeit der Hinterhand aufzugeben. Ist die Selbsthaltung im versammelten Galopp durch häufiges Angaloppieren gefestigt, kann auch aus dem Mittelgalopp in den Arbeitsgalopp oder versammelten Galopp übergegangen werden.

Jetzt kann auch das erste Vertrautmachen und Gewöhnen des Pferdes mit dem Außengalopp beginnen. In den Außengalopp wird am leichtesten übergegangen, indem man nach der zweiten Ecke der langen Seite eine Kehrtvolte reitet, ohne den Galopp zu wechseln. Danach wird das Pferd im Außengalopp bei leichter Versammlung durch die abgerundeten Ecken geritten. Wichtig ist, daß der Takt und die Lebhaftigkeit der Sprünge erhalten bleiben. Der Reiter muß durch richtige Gewichtsverteilung (innen belastend) und ruhiges Sitzen das Pferd unterstützen. Durch übertriebenes Einwirken mit dem Sitz geht beim Pferd die erreichte Versammlung verloren, es neigt zum Eilen und legt sich auf die Hand. Verkürzt das Pferd beim Reiten von Figuren (Volten) von selbst das Tempo, so ist dies ein Zeichen dafür, daß es sich im Rücken festhält und der Schwung nachläßt. Tempoübergänge stellen das schwungvolle elastische Abfedern der Hinterhand wieder her.

Die Ausbildung eines Springpferdes

Die Dauer der Ausbildung eines Springpferdes ist individuell verschieden; sie hängt von der Geschicklichkeit des Reiters und der Springveranlagung eines Pferdes ab.

Die gezielte Ausbildung für den späteren Verwendungszweck kann erst dann einsetzen, wenn ein Pferd genügend Vertrauen zum Reiter gewonnen hat. Es muß vorwärts gehen, sicher angaloppieren und sich schon etwas regulieren lassen. Die dressurmäßige Schulung hat aber unbedingt im Vordergrund zu stehen. Neben der Bodenrickarbeit läßt man junge Pferde zuerst über eine oder mehrere bunte Stangen am Boden treten. Dann werden niedrige Sprünge in einer Höhe von 30–40 cm vorerst im Trabe angeritten, bis auch hier eine gewisse Sprungsicherheit erreicht ist.

Das Springen an der Hand ohne Reiter fördert das Taxiervermögen und erleichtert die Ausbildung außerordentlich. Man führt das junge Pferd bis an das Hindernis heran, behutsam losgelassen erlernt es – unterstützt durch Peitschenhilfe – die einzelnen Springübungen. Der Sprung ist seitlich abgegrenzt, so daß ein Ausbrechen unmöglich ist. Schon nach den ersten Versuchen kann der Führer das Pferd früher loslassen, es wird den Sprung selbst anziehen und seine Springfähigkeit verbessern. Nach dem Sprung wird es ruhig eingefangen und gelobt. Das Einspringen unter dem Reiter ist in der Bahn und im Freien zu üben. Das Temperament des Pferdes erfordert eine geschickte Abstufung der treibenden Hilfen. Bei faulen Tieren muß der Reiter das Sich-Fliegenlassen durch energisches Anreiten und gegebenenfalls mit Hilfe einer geschickten unterstützenden Gertenanwendung erreichen. Bei Pferden, die auf den Sprung zustürmen, muß der Reiter dagegen völlig passiv im Sitz bleiben

Beim Freispringen soll das Pferd zunächst Vertrauen zum Springen bekommen. Es soll lernen zu taxieren, sich zu strecken, sich fliegen zu lassen, sein Gleichgewicht richtig auszubalancieren.

Bild 1:
Gute Springpferde können die Beingelenke oft bis an die Grenze des Möglichen beugen, um Hindernisse, nicht zu berühren.

Bild 2:
Das Pferd ist mit Trensenzäumung und Bandagen zum Freispringen ausgerüstet. Die Zügel sind hier eingedreht und am Kehlriemen befestigt.

Bild 3:
Ein Hindernisständer erleichtert das Abwenden in der Ecke und bringt das Pferd gerade an das Hindernis heran.

Bild 4:
Um die Springtechnik eines Pferdes zu verbessern, können auch beim Freispringen mehrere Hindernisse hintereinander aufgebaut werden.

1

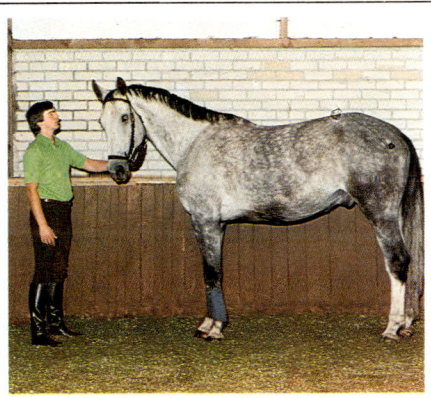

2

3

4

Hinderniskombination im Gelände

Oben: Wallaufsprung
Studie einer natürlichen Hindernis-
kombination im Gelände, bestehend
aus einem Wallaufsprung, einem festen
Hindernis auf dem Wall und dem
Absprung.

Mitte: Fester Sprung auf dem Wall
Der Sitz der Reiterin paßt sich geschmeidig dem dabei veränderten
Bewegungsablauf an und bleibt
dadurch immer im Gleichgewicht mit
dem Pferd.

Unten: Wallabsprung
Da eine gezielte Unterrichtung im
Gelände nicht immer möglich ist, muß
der Reiter durch Selbstkontrolle seinen
Sitz, die Einwirkung und sein Gefühl
für Tempo und Rhythmus schulen.

Beim Gymnastikspringen lernen Pferd und Reiter über mehrere Hindernisse in gleichmäßiger Folge zu gehen. Die Zahl der Hindernisse, ihre Höhe und Breite richten sich nach dem Ausbildungsstand und lassen sich auf verschiedenste Weise variieren. Bei einem noch wenig erfahrenen Pferd kann ein ungerades Anreiten zum Ungehorsam führen. Oft wird aber ein Ausbrechen wie auf dem Bild durch zu hohe Anforderungen an das junge Pferd geradezu provoziert. Zwei kleine Hindernisse, im Kreisbogen aufgestellt, festigen den Gehorsam und die Geschicklichkeit.

und mit beruhigender Stimme arbeiten. Ein Stürmen der Pferde läßt sich am besten dadurch beseitigen, daß der Sprung ruhig im Trabe, später im Galopp angeritten und eine Pferdelänge davor nach rechts oder links zu einer großen Volte abgewendet wird, oder aber es werden mehrere Sprünge hintereinander, später mit unregelmäßigen Abständen zwischen 7 und 8 m aufgebaut. Das beruhigt die Pferde nicht nur, sondern dadurch lernen sie auch besser zu taxieren und ihre Sprungtechnik zu verbessern. Das Abreiten, Vorbereiten zum Springen kann zwischen den Hindernissen erfolgen, das wirkt beruhigend. Diese Springübungen werden etwa zweimal wöchentlich ausgeführt. Sie haben das Training des Pferdes zum Ziel, ferner, daß es willig und sicher springt und das Taxieren lernt. Bietet sich ein Sprungtalent besonders an, so muß man trotzdem die Anforderungen begrenzen. Ein Pferd springt erst dann sicher, wenn es Vertrauen zur Höhe gewonnen hat. Springt es dagegen öfters in einen Sprung hinein, so wird es unsicher, bricht aus oder bleibt stehen. Hat es erst einmal die Lust daran verloren, so muß man immer wieder von vorn beginnen. Pferde verlieren die Lust, wenn sie überfordert werden oder wenn nur immer das gleiche Hindernis gesprungen wird. Mit den einfachsten Mitteln läßt sich ein Sprung verändern: Steilsprung, Hochweitsprung oder durch ständige Veränderung seines Standpunktes.

Es ist durchaus nicht nötig, alle auf Turnieren vorkommenden Hindernisse zum Training zur Verfügung zu haben, denn sogar ängstliche Pferde springen nach kurzer Turniererfahrung anstandslos, wenn der Reiter nicht selbst unsicher ist. Sicherlich wird man bei Schwierigkeiten mit dem Pferd auch einmal durchgreifen müssen, aber gerade hier sollte man das richtige Maß finden. Nach kleineren Fortschritten sollte der Reiter als Belohnung aufhören und nicht immer noch höher und höher springen wollen. Ein allgemeines Rezept gibt es nicht, entscheidend ist das Verständnis für die Eigenart eines Pferdes. Das erste Ausbildungsziel ist erst dann erreicht, wenn es über dem Sprung den Rücken hergibt, sich ver-

mehrt streckt: nach dem Landen wird es dann fließend weitergaloppieren. Springt ein Pferd ohne Rücken, macht es sich über dem Sprung nicht lang und drückt den Rücken weg, so ist der Sprung stark gehemmt und das Landen schwerfällig, die Belastung der Vorderbeine außerordentlich groß. Der Fehler ist hier fast ausschließlich beim Reiter zu suchen. Hier sind besseres Mitgehen, Nichtstören oder stärkeres Treiben notwendig.

Von einem bis zur Klasse A ausgebildeten Springpferd erwartet man genügend Sprungkraft, damit es die Hindernisse in dieser Höhe überwinden kann. Diese Fähigkeit zu springen darf im Verlauf des Parcours nicht nachlassen. Die erforderliche Kondition muß in der Vorbereitung erzielt worden sein. Viele Pferde, die über die erwähnten Eigenschaften zwar verfügen, springen im Parcours dennoch nicht gut, da sie abgesehen von einem schlechten Reiter auch nicht über eine gute Beweglichkeit der Gliedmaßen verfügen (die Beine hängen lassen). Eine Hauptaufgabe des Springtrainings besteht darin, die Springtechnik des Pferdes in sinnvoller, natürlicher Weise zu entwickeln (Bodenrickarbeit, Springen fester Hindernisse im Gelände).

Pferd und Reiter sollen auch beim Springen eine Einheit bilden. Man kann nicht nur vom Pferd Beweglich-

keit und Geschmeidigkeit verlangen, auch der Reiter sollte sich fairerweise um diese Eigenschaften bemühen. Er kann daher auf Gymnastik mit speziellen Übungen, die zur vermehrten Federung der Gelenke beitragen, nicht verzichten. Gerade der leichte Sitz verlangt eine besondere Geschmeidigkeit, wenn man dem Pferd das Springen so angenehm wie möglich machen will. Ferner zeichnen Reaktionsschnelligkeit und taktisch kluges Reiten den Springreiter aus.

Das Vorbereitungstraining umfaßt mit dem Dressurtraining die Erhaltung und Verbesserung der Grundausbildung eines Pferdes. Die möglichst lange Leistungsfähigkeit des Springpferdes wird weitgehend durch die ständig geförderte Geschmeidigkeit, die Aktivierung der Hinterhand, die Reinheit der Gänge und den Gehorsam bestimmt. Nach vielen Springprüfungen im Laufe eines Sommers können dressurmäßige Fertigkeiten des Pferdes teilweise verlorengegangen sein. Diese sind speziell im Winter im Dressurtraining wieder aufzubauen.

Bei einem Turnierbesuch liegt die Belastung des Springpferdes höher als beim gewohnten Training zu Hause. Dies macht ein Ausdauertraining erforderlich. In Springprüfungen wird eine durchschnittliche Geschwindigkeit von 350—400 m/Min. verlangt. Es ist angebracht, diese

Geschwindigkeit im Training beispielsweise auch über eine Distanz von 2000 m zu verlangen. Natürlich verbindet man das Ausdauertraining während einer Übungsstunde mit anderen Trainingsaufgaben. Dieses Training sollte vorwiegend im Freien, wenn im Gelände — bei guten Bodenverhältnissen — stattfinden.

Die Entwicklung der Sprungkraft eines Pferdes steht im engen Zusammenhang mit dem dressurmäßigen Reiten. Kommt es doch bei vermehrter Arbeit und Tragfähigkeit der Hinterhand zur Muskelbildung. Kräftebildend ist auch das Klettern im Gelände an geeigneten, nicht zu steilen Hängen. Bei der Springausbildung kann die Sprungkraft durch gezielte Übungen gesteigert werden:

- Mit Bodenricks 3,00—3,50 m vor einem Sprung ist das Pferd im Trabe an den Sprung heranzureiten, und mit weniger Schwung als aus dem Galopp muß das Pferd kraftvoller abdrücken. Die Hindernisse haben beim Springen aus dem Trabe nur eine Höhe von 0,50—1,10 m.
- Beim Gymnastikspringen ist eine Steigerung der Höhe über 1,10 m möglich. Mehrere Hindernisse hintereinander aufgestellt, beginnend mit einer geringen Höhe, langsam höher werdend, sind für den Springrhythmus, die Technik und

die Entwicklung der Sprungkraft besonders geeignet.

Die Abstände zwischen den Hindernissen werden je nach Ausbildungsstand des Pferdes mehr oder weniger passend nach der Galoppsprunglänge des Pferdes gewählt. Es ist auch eine Frage des Bodens, der, wenn er tief ist, keine zu weiten Abmessungen zuläßt.

Durch Gymnastikspringen wird ein Pferd problemlos an das Springen von Doppelsprüngen herangeführt. Gleichzeitig wird auch der Reiter geschult. Er lernt, aktiv oder passiv einzuwirken. Der gleichmäßige Rhythmus wird dem Pferd sozusagen durch die Abstände aufgezwungen, und dies hilf dem Reiter, ein Gefühl für das richtige Tempo beim Springen zu bekommen.

Die Ausbildung eines Springpferdes wird nicht ganz ohne Schwierigkeiten verlaufen. Unterläuft ein Pferd häufig, so kann ein Bodenrick oder eine am Boden liegende Absprungstange das Taxieren des Pferdes erleichtern und festigen.

Läßt sich ein Pferd nicht genug fliegen, da die Rückentätigkeit mangelhaft ist, so kann bei einem Steilsprung eine Stange oder ein Bodenrick direkt hinter den Sprung gelegt werden. Ein Pferd, welches ohne Rücken springt, findet auch durch das Gymnastikspringen wieder zur besseren Streckung.

Vorbereitung zum Turnier

Es ist von entscheidender Bedeutung, wie der Reiter sein Pferd vor der Prüfung abreitet. Grundsätzlich sollte sich die Vorbereitung des Pferdes auf dem Abreiteplatz nicht vom methodischen Verfahren des heimatlichen Trainings unterscheiden. Eine neue Umgebung beeinflußt Pferd und Reiter und ist zu berücksichtigen. Die Ruhe, doch leider auch die Nervosität des Reiters übertragen sich auf das Pferd. Für das Lösen soll sich der Reiter genügend Zeit nehmen, um auch psychische Verspannungen bei Pferd und Reiter zu beseitigen! Erst jetzt wird der Reiter einige Probesprünge absolvieren. Da die Hindernisse auf den Abreiteplätzen immer nur aus Stangen bestehen, sollte man niedrig beginnen und die im Parcours verlangte Höhe nicht übersteigen. Hohle Sprünge verunsichern Pferd und Reiter!

Drei Dinge sollte jeder Springreiter beherzigen:
- Genügend Zeit zum Abreiten (keine Hektik).
- Entspannung (verspannte Pferde und Reiter springen schlecht).
- Das Springen lernen die Pferde nicht auf dem Abreiteplatz! Bei den Probesprüngen das Selbstvertrauen des Pferdes stärken und nicht zerstören!

Danach wird man das Pferd warm halten, das heißt solange im Schritt reiten, bis der Parcours gesprungen werden kann.

Vor dem Springen hatte der Reiter Gelegenheit, sich den Parcours anzusehen und sich die zu reitenden Wege von Sprung zu Sprung genau einzuprägen. Bei einem A-Springen pflegt die Linienführung so gestaltet zu sein, daß er große Linien reiten kann, also keine kurzen Wendungen nötig sind. Er sollte auch daran denken, daß sein Pferd sicher und willig springt und möglichst ein gleichmäßiges Tempo innerhalb der Springbahn geht. Wird gleich zu schnell geritten, kommt es leicht zu Flüchtigkeitsfehlern. Ein ohne Fehler absolvierter Parcours ist für die weitere Ausbildung von Pferd und Reiter wertvoller als ein schneller Ritt mit Springfehlern. Nur so reift ein Pferd für höhere Aufgaben heran. Erst nach mindestens einjähriger Erfahrung in A-Springen kann der Reiter in L-Springen starten.

In L-Springen sind die einzelnen Sprünge bis 1,30 m hoch; die Linienführung ist dann diesen Anforderungen angepaßt.

Korrektur verdorbener Pferde

Eine solche Korrektur erfordert stets Zeit und insbesondere Geduld. Auf die Bedeutung des Longierens wurde bereits hingewiesen. Die Korrektur sollte aber nur der Reiter durchführen, der ein Pferd reell anreiten kann, denn gerade diesen Ausbildungsweg muß er hier wieder gehen. Neben reiterlichem Können gehören viel psychologisches Einfühlungsvermögen und Erfahrung dazu, um eine nachhaltige Wirkung zu erzielen. Die Korrektur wird wesentlich erleichtert, wenn die Ursachen des Fehlers bekannt sind. In den meisten Fällen sind die Pferde oft gestraft worden, wissen nicht, was man eigentlich von ihnen will; sie sind nur mit Ruhe und Geduld zu verbessern. Unter einem guten Reiter mit starker Einwirkung geben sie ihre Untugenden meist schnell auf. Erstreckt sich die korrigierende Arbeit nicht über einen längeren Zeitraum, so treten unter einem schwächeren Reiter meist die gleichen Schwierigkeiten wieder auf.

Die Ursache der Untugenden ist gewöhnlich in der Ungeschicklichkeit des Reiters zu suchen. Gibt er vor allem beim jungen Pferd ständig falsche Hilfen, so führt das nur zu Widersetzlichkeiten. Ungeschicklichkeit, Unkenntnis, Überanstrengung, harte Strafen münden in gegenseitige Mißverständnisse und ergeben ein verdorbenes Pferd. Auch übertriebenes Verwöhnen oder Alles-Durchgehenlassen — vorwiegend aus falsch

verstandener Tierliebe heraus —, aber auch zu lasches Anfassen gipfeln in Untugenden. Leider fehlt vielen Reitern die Geduld, ein Pferd sachgemäß auszubilden; sie suchen dann den Fehler stets beim Pferd und sind der Überzeugung, daß harte Strafen mit Hand, Sporen und Gerte die geeigneten Mittel sind, ein Pferd gefügig und gehorsam zu machen.

Der Ungehorsam eines Pferdes kommt für den Reiter meist überraschend. Durch richtiges Verhalten kann der Reiter auch gefährliche Situationen abwenden.
Sofortiges Nachgeben mit der Hand und seitliches Abstellen im Hals bringen das Pferd wieder unter die Kontrolle des Reiters.

Scheuen

Scheut ein Pferd vor einem ihm unbekannten Gegenstand, so versucht man, es im Schenkelweichen an den Gegenstand heranzureiten, und zwar so, daß die Hinterhand mehr auf den betreffenden Gegenstand hin gerichtet wird; das gibt dem Pferd natürliche Sicherheit. In Gegenwart mehrerer Pferde wird man ein sicheres, scheufreies Tier vorausgehen lassen, das junge wird dann willig folgen. Wichtig ist, daß der Reiter mit Kreuz und Schenkeln einwirkt, auf das Pferd einspricht und notfalls mit der Gerte etwas nachhilft. Der Reiter darf auf keinen Fall Unsicherheit oder Angst zeigen. Bei temperamentvollen Pferden muß man Ruhe bewahren.

Steigen

Sollte ein Pferd so widersetzlich sein, daß es steigt, so darf sich der Reiter dabei keinesfalls am Zügel festhalten, sondern muß immer nachgeben und gleichzeitig treiben. Wird die Zügeleinwirkung zu stark, kann sich ein Pferd überschlagen. Steigen ist die gefährlichste Untugend, sie kann nur von einem geübten Reiter korrigiert werden und auch nur auf weichem und nicht auf hartem Boden. Das Steigen erfolgt stets aus dem Halten und mit gerade gestelltem Rücken. Gleich beim ersten Anzeichen ist vorwärts zu reiten. Auf lange Sicht ist diese gefährliche Untugend nur durch energisches Vorwärtsreiten zu beseitigen. Ist diese Einwirkung während des Steigens nicht möglich, wenn die Gefahr des Überschlagens besteht, so wird der Pferdekopf seitlich abgebogen; dadurch wird das Pferd leicht aus dem Gleichgewicht gebracht und fußt sofort mit den Vorderbeinen wieder auf.

Kleben

Will sich ein Pferd nicht aus einer Gruppe lösen, so entspricht das seinem natürlichen Herdentrieb: es klebt an seinen Artgenossen. Durch stärkere Einwirkung von Kreuz und Schenkel, eventuell mit Unterstützung einer Gerte, wird diese Unrittigkeit beseitigt und verliert sich im Laufe der weiteren Ausbildung.

Durchgehen

Ein durchgehendes Pferd ist gewöhnlich unrittig und schwierig im Temperament. Ganz entschieden ist von der Verwendung scharfer Gebisse wie Pelham oder Kandare abzuraten. Der Erfolg ist nur von kurzer Dauer. Gerade bei empfindlichen Pferden ist es ratsam, ein weiches Gebiß (dicke Wassertrense) aufzuzäumen, ferner mit ruhigen Händen zu reiten. Als Korrektur sind anfangs nur langsame Gangarten wie Schritt und Trab zu reiten. Die Bügel werden wie beim Geländereiten ein bis zwei Loch kürzer geschnallt, der Reiter bleibt mit dem Gesäß im Sattel sitzen. Entlastet er dagegen den Pferderücken, so glauben die Tiere, es ginge gleich im rasanten Galopp los.

Ist ein Davonstürmen im Augenblick nicht zu vermeiden, so setzt der Reiter die eine Hand auf den Mähnenkamm auf, mit der anderen Hand gibt er ständig halbe Paraden, oder er wendet das Pferd auf einen großen Zirkel ab. Nun versuche man, den Zirkel ständig zu verkleinern, bis das Pferd zum Halten kommt. Die Zügel sind verständlicherweise verkürzt, und das Lederzeug (Zaumzeug) muß unter allen Umständen in Ordnung sein. Bei solchen Pferden wird das Reithalfter etwas enger geschnallt; dadurch wird ein Sperren im Maul zwar nicht beseitigt, aber doch eingeschränkt.

Zungenfehler

Scharfe Zäumung und unruhige Hände sowie eine stark einseitige Anlehnung führen zu Zungenfehlern. Ebenso verursachen falsch verschnallte Gebisse ein Hochziehen der Zunge über das Gebiß oder aber ein Heraushängen nach der Seite oder nach unten. Besteht zwischen der Reiterhand und dem Pferdemaul eine sehr starke Verbindung, die plötzlich so weich wird, daß das Gebiß von dem Pferd nicht mehr angenommen wird, dann hat es seine Zunge über das Gebiß gezogen: es spielt also mit dem Gebiß und geht hinter dem Zügel. Dann muß der Reiter immer absitzen und das Gebiß überprüfen. Hier kann vorübergehend das Reithalfter enger geschnallt werden, was aber kein Dauerzustand sein darf. Zungenfehler lassen sich sehr schwer beheben. Nur bei einer Aktivierung der Hinterhand und einer weichen Verbindung zum Pferdemaul läßt sich ein Erfolg erzielen.

Kopfschlagen

Das Kopfschlagen kann dadurch verhindert werden, daß für einige Zeit ein Martingal verwendet wird. Es soll so lang geschnallt sein, daß es lediglich bei starkem Kopfschlagen wirksam wird. Die gleichzeitige Anwendung einer halben Parade — und das ist wichtig — sowie energisches Treiben führen dazu, daß die Untugend bereits nach kurzer Zeit wieder aufhört.

Kopf nach unten stoßen

Auch bei Pferden, die dem Reiter die Hand nehmen wollen und mit dem Kopf nach unten stoßen, helfen halbe Paraden und gleichzeitiges Treiben, den Fehler zu beseitigen.

Über dem Zügel gehen

Über dem Zügel gehende Pferde können Ganaschenschwierigkeiten haben oder durch ständiges Riegeln der Hände hart im Maul geworden sein. Vorübergehend — aber nur für eine kurze Zeit — darf von einem guten Reiter ein Korrekturzügel wie z. B. ein Schlaufzügel benutzt werden. Entscheidend für den Erfolg ist es, daß die Rückentätigkeit wieder eintritt. Hierfür ist die Bodenrickarbeit eine wertvolle Hilfe. Ein Schlaufzügel darf lediglich den Zweck haben, dem Pferd wieder den Weg in die Tiefe zu zeigen, aber nicht, um es damit beizuzäumen. Durch ständiges Ausschalten des Schlaufzügels überzeugt sich der Reiter von dem jeweiligen Erfolg seiner Arbeit. Wirkt der Hilfszügel zu lang und stark ein, so setzt das Pferd den Hals zurück, es wird im Hals zu eng. Nach Entfernung des Hilfszügels stellen sich dann die alten Schwierigkeiten wieder ein.

Nervöse Pferde

Nervöse Pferde verlangen einen geduldigen Reiter, der sie durch ständiges Zureden und Abklopfen wieder beruhigt. Häufiges Reiten ins Gelände und längere Ausritte bringen ein Pferd wieder ins Gleichgewicht. Lange Schrittreprisen, kurze Trab- und Galoppreprisen sind während der Arbeit unbedingt notwendig.

Zackeln

Infolge von Nervosität zackeln Pferde bei Ausritten. Soweit möglich, läßt man sie am Anfang einer Abteilung gehen. Der Reiter muß sein Pferd ständig einfangen, mit der Hand wieder vorgehen und den Hals frei machen. Allmählich wird es sich einen zwanglosen, raumgreifenderen Schritt angewöhnen.

Paßähnliches Gehen

Ein paßähnliches Gehen läßt sich nur dadurch beheben, daß der Reiter häufig Schritt am langen Zügel reitet. In tiefem Boden und unebenem Gelände kann die Verbindung zum Pferdemaul langsam wieder hergestellt werden. Nützliche Hilfe: Bergauf- und Bergabklettern.

Faule Pferde

Besonders faule Pferde müssen mit starker Einwirkung von Schenkeln und Kreuz wieder vorwärts geritten werden. Die Teilnahme an Reitjagden wecken ihren Vorwärtsdrang.

Buckeln

Das Buckeln ist meist ein Ausdruck der Lebensfreude. Wurde eine Zeitlang nicht gesprungen, so buckeln sowohl jüngere wie ältere Pferde gerne nach dem ersten Sprung. Oder aber sie waren krank und konnten

mehrere Tage weder longiert noch geritten werden. Hier offenbart sich ihre überschüssige Kraft, für die man sie nicht etwa bestrafen sollte. Der Reiter nimmt den leichten Sitz ein und gibt nur dann einige halbe Paraden, wenn das Pferd mit dem Kopf sehr tief kommt. Pferde mit Sattelzwang — hier wurde der Gurt voreilig zu stark angezogen — buckeln die Spannung aus. Ein Buckeln kann nur von einem im Gleichgewicht sitzenden Reiter gut ausgesessen werden. Er sollte mit dem Kreuz und den Schenkeln, vielleicht auch mit der Gerte stark vorwärts treiben. Je langsamer die Vorwärtsbewegung ist, um so höher sind die Bocksprünge. Die Ursache für diese Untugend wird in der Regel bei einem schwachen Reiter zu suchen sein, der schon mehrmals abgeworfen wurde. Nicht jeder Reiter hat die reiterliche Sicherheit, um ein Pferd ausbuckeln zu lassen. Nach Stehtagen sollte das Pferd vor dem Reiten ablongiert werden.

Widersetzlichkeit beim Springen

Das Ausbrechen vor dem Hindernis ist im wesentlichen auf die ungenügende Erfahrung des Reiters zurückzuführen sowie auf die Unrittigkeit des Pferdes. Bei jungen Pferden sind neue, ungewohnte Sprünge oft die Ursache. Niedrige Sprünge mit Fän-

gen, im Trabe angeritten und mit Unterstützung des Reiters, eventuell mit der Gertenhilfe im richtigen Augenblick, führen hier zum Ziel. In Ausnahmefällen können 1—2 Helfer etwa 3—5 m vor dem Hindernis mit der Bahnpeitsche nachhelfen, aber erst dann, wenn das Pferd bereits an ihnen vorbei ist, die Peitschenhilfe also von hinten kommt.

Stehenbleiben

Kann sich ein Pferd vor dem Absprung nicht genügend strecken, weil sich der Reiter mit dem Zügel über den Sprung ziehen läßt, so ist selbst bei dem springfreudigsten Pferd ein Stehenbleiben nicht zu vermeiden; das geschieht ebenfalls, wenn nicht mit genügendem Schwung herangeritten wird. Auch bei stürmenden Pferden ist es möglich, daß sie nicht gut taxieren, zu nahe an den Sprung herankommen und stehen bleiben. Häufig führt auch eine physische Überforderung zu dieser Untugend; ein Pferd ist — wie man sagt — »sauer« geworden. Nur Sicherheit und Vertrauen führen hier zum Erfolg. Sicherlich läßt sich bei der täglichen Arbeit mit Gewalt etwas erreichen. Im Parcours jedoch, wo sie nicht so hart angepackt werden können, und wo noch andere Faktoren auf die Psyche des Tieres einwirken können, bleiben solche

Pferde oft schon beim ersten Hindernis wieder stehen. Ältere Pferde mit verbrauchten Vorderbeinen bleiben auf hartem Geläuf ebenfalls vor Hindernissen stehen, da sie die Schmerzen beim Landen fürchten. Ein echter Reiter sollte mit ihnen nicht mehr springen. Bei zu spät abspringenden Pferden legt man etwa 30—50 cm vor den Absprung eine Stange oder ein Bodenrick. Zu früh abspringende Pferde läßt man zur Korrektur die Hindernisse im Trabe anreiten, und zwar so lange, bis sie taxieren gelernt haben. Eine andere Möglichkeit besteht darin, etwa 14 m vor dem Hindernis ein Bodenrick oder einen kleinen Sprung aufzubauen; zwischen den Sprüngen finden sie ihren Rhythmus und überwinden den Sprung einwandfrei.

Ohne-Rücken-Springen

Das Ohne-Rücken-Springen wird in erster Linie durch das Zurückwirken der Hände verursacht. Die Folge ist unnötiger Kräfteverschleiß, ferner unsauberes Springen. Bei der Korrekturarbeit entlastet der erfahrene Reiter den Pferderücken und reitet das Pferd wieder in die Tiefe. Dann kann mit kleinen gymnastischen Springübungen vorsichtig fortgefahren werden. Das Reiten im Gelände über unebenen Boden wird die Korrektur beschleunigen.

Die Ausbildung eines Vielseitigkeitspferdes

Die Vielseitigkeitsreiterei nennt man auch die »Krone der Reiterei«, da der Reiter sein Pferd in Dressur, im Springen und im Gelände gleichermaßen schulen muß. Eine Vielzahl von Pferden geht in Dressur- und Springprüfungen mit beachtlichen Erfolgen. Die Prüfungen im Gelände sind jedoch die anstrengendsten, sie setzen ein gutes Galoppiervermögen, viel Nerv — gepaart mit richtigem Temperament — sowie Mut, Härte und Ausdauer voraus. Bei einem jungen Pferd sind diese Anlagen nicht immer sofort zu erkennen; daher ist die richtige Auswahl nicht einfach. Warmblüter, die von Vollblütern abstammen, bringen in der Regel Nerv und Galoppiervermögen mit. Nach dem Anreiten wird der wesentliche Teil der Ausbildung ins Gelände verlegt. Hier hat der Reiter das Tempo und die Gangart den Bodenverhältnissen anzupassen und zur Scho-

nung der Beine möglichst weiche
Wege auszuwählen. Erst wenn das
Pferd geländesicher geworden ist,
kann ein gezieltes Training einsetzen.
Die Geländeausbildung erfordert viel
Zeit, denn nach kurzen Galopp- und
Trabstrecken müssen jeweils längere
Schrittpausen eingelegt werden.
Grundsätzlich wird im Galopp der
Pferderücken entlastet und im Trabe
leicht getrabt.
Kletterstellen und niedrige Baum-

Beim Reiten im Gelände über feste
Hindernisse bedarf es großer Geschicklichkeit, Sprungkraft und Selbstvertrauen. Junge Pferde müssen
langsam mit den verschiedensten
Geländesprüngen vertraut gemacht
werden.

Bildserie oben (von rechts nach links):
Auf dem mit Bravour springenden
Pferd kann sich der Reiter sicher
fühlen. Durch jahrelanges Training

hat er sich die Zuverlässigkeit seines
Pferdes mit viel Geduld, Ausdauer und
Sachkenntnis erarbeitet.

Bildserie unten (von rechts nach links):
Nur mit Vertrauen, Reife und viel
Routine können schwierigste Situatio-
nen in großen Prüfungen bewältigt
werden. Dieser erfahrene Reiter (Karl
Schultz mit Madrigal) paßt sich beim
Landen der extremen Schwerpunkt-
situation optimal an.

stämme, schmale offene Gräben und alle natürlichen, nicht hohen Hindernisse werden in die Ausbildung einbezogen. Bei zunehmender Sicherheit wird das Pferd an alle vorkommenden Geländehindernisse gewöhnt wie verschiedenartige Gräben, Sprünge ins Wasser oder im Wasser, Hindernisse im Hochwald, Sprünge auf schiefer Ebene, Hangsprünge und Kletterpartien. Die Art der Hindernisse sind dem Gelände organisch anzupassen. Beim Reiten und bei Sprüngen im Wasser haben Pferde meist eine natürliche Scheu zu überwinden; um Widersetzlichkeiten möglichst auszuschalten, reite man hinter einem Führpferd in nicht zu tiefes Wasser an einer flachen und sumpffreien Stelle. Das ist so lange zu üben, bis das Pferd allein im Schritt, Trab und Galopp die Wasserstelle durchquert. Dann kann eine Stange angebracht und das Ganze als Sprung geübt werden. An tieferen Stellen sowie bei Einsprüngen in Wasser wird es mit der bremsenden Wirkung des Wassers vertraut gemacht.

Erst bei dem geländesicheren Pferd setzt das Training bewußt ein, das sorgfältig auf seine individuellen Vorzüge und Schwächen ausgerichtet sein muß. Weiter gilt für das Training, daß lange Schritt-, Trab- und Galoppstrecken in normalem Tempo die Ausdauer steigern, während ein- bis zweimalige wöchentliche schnelle Galopps bis zu 1000 m die Atmungsorgane stärken. Besondere Aufmerksamkeit ist dem Gesundheitszustand zu widmen. Läßt die Freßlust nach, muß das Training eingeschränkt werden.

Ein Trainingsplan setzt seinen Beginn fest. Die Anforderungen sind langsam zu steigern und einige Tage vor der Geländeprüfung zu beenden, so daß ein Pferd im Vollbesitz seiner Kräfte in eine solche Prüfung gehen kann. Übertrainierte Pferde haben den Höhepunkt ihrer Leistungsfähigkeit bereits überschritten, und die Anforderungen können während einer Prüfung nicht mehr gesteigert werden. Der Reiter muß während des Trainings im Gelände und während der Prüfung mögliche Schwächeperioden erkennen und das Tempo vorübergehend zurücknehmen. Vor einer Prüfung hat die Ausbildung mindestens an 3–4 Tagen wöchentlich im Gelände stattzufinden; die Dressur- und Springausbildung darf dabei jedoch keineswegs vernachlässigt werden.

Über die Länge der Ausbildungszeit kann nichts Effektives angegeben werden, da die Veranlagung der einzelnen Pferde zu unterschiedlich ist. Ferner hängt sie von der Art der beabsichtigten Prüfung ab. Bei reinen Geländeritten genügt eine vorbereitende Arbeit, da diese gewöhnlich nur einige Kilometer lang sind. Will man jedoch Vielseitigkeitsprüfungen reiten mit Teilprüfungen in Dressur, Springen und Gelände, so muß natürlich ein intensives Training vorausgegangen sein. Bei Vielseitigkeits-Prüfungen der Klasse L und höher hat dieses intensive Training mindestens 6–8 Wochen vorher einzusetzen.

Die Schwierigkeiten einer Geländestrecke bestehen nicht ausschließlich aus den einzelnen Hindernissen, sondern auch in der Geländebeschaffenheit (z. B. tiefer Boden, Kletterstellen, Hänge, bergiges Gelände etc.). Ein Vielseitigkeitspferd muß nicht nur Springvermögen und eine gute Kondition besitzen, sondern auch Schnelligkeit, Mut, Geschicklichkeit und Ausdauer.

Die Hindernisse sollen sich gut in die Landschaft einfügen, möglichst natürlich und massiv gebaut sein. Typische Geländehindernisse sind:

- Hochsprünge: Rick, Zaun, Wegesprung, Mauer, Aufsprung
- Hochweitsprünge: Buschoxer, Trakehner, überbauter Graben, Holzstoß
- Weitsprünge: Gräben
- Tiefsprünge: Wassereinsprung, Hangabsprung, Wallabsprung.

Höchstens $^{1}/_{10}$ der Hindernisse einer Geländestrecke dürfen Tiefsprünge sein. Bei diesen darf der Abstand der höchsten Stelle des Hindernisses bis

Die Bildserie zeigt den Aussprung aus dem Wald und den Waldeinsprung. Pferd und Reiter überwinden diesen Trainingssprung in schöner, freier Manier. Dieses Pferd hat gelernt, im freien Tempo (das ihm liegt) niedrige bis mittlere Hindernisse sicher zu springen. Bei Waldeinsprüngen können sich ungünstige Lichtverhältnisse für das Pferd nachteilig auswirken.

zur Landestelle, in den Klassen A und L, 1,60 m nicht übersteigen. Bei Wassereinsprüngen darf die Wassertiefe an der Einsprungstelle bis zu 50 cm betragen.

Das Anreiten der Geländehindernisse unterscheidet sich von dem Anreiten der Hindernisse auf dem Springplatz. Die Pferde müssen im Training gelernt haben, sich selbst aufzunehmen. Der Reiter wird es vermeiden, bei normalen Hindernissen der Klassen A und L den Galopprhythmus des Pferdes durch zu starkes Aufnehmen und »Passend-Machen« zu stören. Bei einem längeren Anstieg wird der Reiter die Wahl der Gangart und des Tempos seinem Pferd überlassen, um nicht an die Grenze der Leistungsfähigkeit heranzugehen.

Das Jagdreiten

Das Bild eines Jagdfeldes versetzt
nicht nur die Zuschauer in Begeiste-
rung; auch Pferde und Reiter empfinden das freie Galoppieren in schöner
Umgebung als wohlverdienten Aus-
gleich für mühselige Arbeitsstunden
in der Reitbahn, die so manchen
Schweißtropfen kosteten. Die Grundlage einer soliden Ausbildung läßt
das Jagdreiten immer wieder zu einem
beglückenden Erlebnis werden. Ohne
den prüfenden Blick eines Lehrers
oder eines Richterkollegiums kann
der Reiter sein ganzes Können, seinen
Mut und seine Geschicklichkeit ent-
falten. Eine echte Freude ergibt sich
aber nur dann, wenn Pferd und Reiter
genügend darauf vorbereitet sind. Ein
gutes Jagdpferd muß rittig sein, die
Hilfen des Reiters willig annehmen,
sicher springen, gut im Temperament,
ausdauernd und gesund sein; — Eigenschaften, die man nicht ohne weiteres
voraussetzen darf, sondern die sinnvoll herangebildet und erworben
werden müssen. Bei entsprechender
Ausbildung und Vorbereitung kann
praktisch jedes Reitpferd, das den
Anforderungen eines Jagdspringens
der Klasse A genügt, normale Reitjagden mitgehen. Jüngere Pferde

Das Jagdreiten verlangt ein Pferd mit
gutem Temperament, Leistungsfähigkeit, Herz und Springvermögen.
Durch methodisches Training im Gelände sind diese Eigenschaften fast bei
allen Pferden zu entwickeln. Pferd und
Reiter wachsen miteinander in die
Aufgabenstellung, die die Natur
anbietet, hinein.

schult man in Gemeinschaft mit anderen, oder man reitet sie in Feldern für junge Pferde. Ausgesprochen unvernünftig ist es, ausschließlich in der Reitbahn zu reiten und unvorbereitet an Jagden teilzunehmen. Dann regen sich die Pferde durch das viele Ungewohnte und Neue auf, sie werden heftig und behindern andere Pferde und Reiter; die ganze Freude an der Reitjagd besteht dann schließlich in einem dauernden Kampf zwischen dem Reiter und seinem Pferd.

Beim Jagdreiten gelten die gleichen Grundsätze wie beim Reiten im Gelände. Das Sattelzeug wird überprüft und die Bügel zwei Loch kürzer geschnallt. Während der Jagd wird ein gleichmäßiges Tempo geritten, das der Master bestimmt. Man reite und springe immer geradeaus, um seinen Nebenmann nicht zu behindern. Heftige Pferde reitet man an die Seiten des Feldes, da dort immer die Möglichkeit besteht, seitlich abzuwenden und auszuweichen. Ständiges Zurückhängen hinter dem Jagdfeld und Wiederaufgaloppieren machen nicht nur das eigene Pferd nervös und heftig, sondern auch die übrigen vierbeinigen Jagdteilnehmer. Und den Reitern wird dadurch nur der Spaß verdorben. Die Hindernisse sind breit aufgebaut, so daß sie von mehreren Pferden gleichzeitig genommen werden können. Beim Stehenbleiben eines Pferdes darf der Reiter nicht

einfach seitlich ausweichen, wie er es vom Einzelparcours gewöhnt ist, sondern er muß sich vorher davon überzeugen, ob er dann nicht etwa einen Nebenreiter behindert. Ein zu starkes Aufreiten beim Springen und im Feld ist gefährlich, denn zu leicht ergeben sich dadurch Verletzungen beim Vorderpferd, wie beispielsweise Ballentritte.

Das Jagdreiten erfordert äußerste Disziplin und Höflichkeit. In Deutschland werden Jagden über vorher festgelegte Strecken geritten. In landwirtschaftlich stark genutzten Gebieten sind die Möglichkeiten einer ausgezeichneten Jagdstrecke begrenzt. Man achte daher beim Reiten auf die landwirtschaftlichen Kulturen.

Nach einem Stop ist es ratsam, stark schwitzende Pferde zu führen und nicht der Zugluft auszusetzen. Eine Reitjagd mit Hunden, also hinter der Meute, gehört zu den schönsten Erlebnissen eines Reiters.

Jeder Jagdreiter hat durch sein Verhalten im Jagdfeld zum guten Gelingen der Jagd beizutragen.

Einige Hinweise zur Beachtung:
- Nehme Rücksicht auf die anderen Reiter im Jagdfeld.
- Reite nie ein schlagendes Pferd mitten im Feld, sondern am Schluß.
- Ein Kreuzen des Jagdfeldes gefährdet nachkommende Reiter und ist zu vermeiden.

- Springe nie ohne Abstand hinter einem anderen Pferd.
- Sicher springende Pferde werden vorne im Jagdfeld geritten, junge und unsichere Pferde hinten.
- Ist eine Stelle zum Springen gewählt, bleibe dabei, nachfolgende Reiter können sich darauf einstellen.
- Habe Verständnis für jene, die junge Pferde reiten.
- Galoppiere nicht zu dicht hinter ihnen oder vor ihnen an einem Hindernis vorbei.
- Heftige Pferde sind an den Seiten des Feldes zu reiten, wo das Anlegen einer großen Volte ungehindert geschehen kann.
- Bleibt ein Pferd vor einem Hindernis stehen, reite erst zur Seite, wenn der Weg frei ist.
- Sollte jemand stürzen, ist Hilfeleistung der nachkommenden Reiter selbstverständlich.
- Das Überholen des Masters ist untersagt.
- Die Jagdkappe ist sicher zu befestigen.
- Auf Zuschauer ist besondere Rücksicht zu nehmen.

Das Jagdreiten ist auch immer ein Naturerlebnis, denn jede Landschaft hat ihre besonderen Reize. Zur Pflege und Erhaltung dieses schönen Sports sollten wir alle, auch zu unserer eigenen Freude, beitragen.

Schlußwort

Um auch nur ein kleines Ziel zu erreichen, muß der Reiter immer wieder neu hinzulernen und teilweise unter großen Mühen das Gelernte wiederholen und üben. Im Reitsport geht es vor allem um die Steigerung von Gewandtheit und Ausdauer und nicht zuletzt auch um die Auseinandersetzung und das Zusammenspiel (die Harmonie) von Pferd und Reiter. Ein reifer Reiter zeichnet sich auch immer durch Verständnis für das Lebewesen Pferd aus. Denken wir bei aller Anstrengung und allen Mühen zur Aus- und Weiterbildung daran, daß ein Pferd auch Pferd bleiben soll, mit all seinen ihm von der Natur mitgegebenen Möglichkeiten des sich Ausdrückens. — Bocken kann auch Ausdruck der Freude sein! Es muß aber auch einmal galoppieren dürfen, sonst wird es keinen Spaß mehr an der Arbeit haben, wenn all seine Lebensfreude schon im Ansatz von einem verständnislosen Reiter unterbunden wird.
In diesem Sinne viel Erfolg und Freude im Umgang mit Pferden.

Unmißverständlich teilt das Pferd dem Fotografen mit, daß es nun keine Lust mehr hat, sich weiter für Aufnahmen zur Verfügung zu stellen.
Reiter und Fotograf sind erfahren genug, um auch einmal nachzugeben! Morgen ist auch noch ein Tag.

Stundenplan für Reiter

Monat:	1. Woche							2. Woche							3. Woche							4. Woche							Gesamt-stunden	Bemerkun-gen
	1	2	3	4	5	6	7	1	2	3	4	5	6	7	1	2	3	4	5	6	7	1	2	3	4	5	6	7		
Dressur																														
Abteilungsreiten																														
Einzelreiten																														
Aufgabenreiten																														
Longieren																														
Springen																														
Allgemeines Training																														
Springen einzelner Hindernisse																														
Springen mehrerer Hindernisse																														
Parcoursspringen																														
Gelände																														
Ausritt																														
Galopptraining																														
Springen im Gelände																														
Turnier																														
Reittheorie																														

Dieser Stundenplan gilt für 1 Monat. Bitte kopieren Sie diesen Plan für weitere Monate und tragen Sie den jeweiligen Zeitaufwand in Stunden entsprechend ein. Damit haben Sie eine gute Kontrolle über Ihre eigene reiterliche Entwicklung und die Ausbildung Ihres Pferdes.

Mit Hilfe dieses Fragebogens möchten Autor und Verlag mehr über Ihr reiterliches Interesse erfahren. Unsere Bitte: Füllen Sie alles sorgfältig aus und schicken Sie diesen Fragebogen (oder eine Kopie) an folgende Anschrift: BLV Verlagsgesellschaft München, Lothstraße 29, 8000 München 40, Sportredaktion. Vielen Dank.

Name: _____

Alter: _____ Beruf: _____

Sind Sie Anfänger? _____ Reitstunden ca. _____

Sind Sie Fortgeschrittener? _____ Wieviele Jahre _____

Sind Sie Turnierreiter? _____ Welche Klasse _____

Sind Sie im Besitz des Reiterabzeichens? Bronze ☐ Silber ☐

Für welche Sparte des Reitsports interessieren Sie sich?
Dressur ☐
Springen ☐
Geländereiten ☐
Jagdreiten ☐
Freizeitreiten ☐

Wie sind Sie zum Reiten gekommen?
Aus Eigeninitiative ☐
Durch Freunde und Bekannte ☐
Durch die Eltern – (Familie) ☐
Durch Bücher ☐
Berichterstattungen ☐
Aus Zufall ☐
Aus gesundheitlichen Gründen ☐
Durch ärztliche Empfehlung ☐

Für welche Disziplinen interessieren Sie sich hauptsächlich?
Dressurreiten ☐
Springreiten ☐
Vielseitigkeit ☐
Geländereiten ☐
Jagdreiten ☐

Freizeitreiten ☐
Reiten als Therapie ☐

Möchten Sie Ihre Kenntnisse erweitern in:
Reitlehre ☐
Pferdepflege ☐
Pferdehaltung ☐
Pferdepschologie ☐
individuellem Umgang mit dem Pferd ☐
theoretischem Wissen ☐

Was bietet Ihnen die Reitstunde?
Verbesserung der körperlichen Fitness ☐
Möglichkeit des Entspannens ☐
Spaß an der Freud ☐
Naturverbundenheit ☐

Ist Reiten für Sie Erholung? _____ Urlaubserholung _____
Betreiben Sie andere Sportarten? _____ Welche? _____
Hatten Sie Unterricht in anderen Sportarten? _____
Halten Sie Ausgleichssport für Reiter nützlich? _____

Was erwarten Sie von einem Reitlehrer? (Reihenfolge angeben)
Pädagogische Fähigkeiten ☐
Reiterliches Können ☐
Gute Umgangsformen ☐
Durchsetzungsvermögen ☐
Moderne Unterrichtsmethodik ☐

Fragen zum Reitunterricht:
Welche Maßnahmen beeinflussen Ihrer Meinung nach den Reitunterricht positiv?
Pferdematerial ☐
Einhaltung der Bahnordnung ☐
Kommandosprache ☐
Einzelkorrektur ☐
Gruppenkorrektur ☐
Herausstellung der Fehler ☐
Erklärung der richtigen Ausführung ☐
Demonstration des Reitlehrers   falsch ☐   richtig ☐
Autoritäres Lehrerverhalten ☐
Demokratischer Unterrichtsstil ☐

Was ist für Sie wichtiger?

positive Korrektur ☐

negative Korrektur ☐

beides ☐

Welche Beziehungen haben Sie zum Pferd?

Sind Sie tierlieb? ☐

Haben Sie schon länger Kontakt zu Pferden? ☐

Haben Sie Angst vor Pferden? ☐

Haben Sie Angst vor Verletzungen beim Reiten? ☐

Betrachten Sie das Pferd als Sportgerät? ☐

Reiten Sie, um sich sportlich zu betätigen ☐

um Kontakte herzustellen ☐

um am Vereinsleben teilzunehmen ☐

Betrachten Sie das Reiten als eine persönliche Aufwertung? ☐

Reiten Sie lieber ältere Pferde? ☐ jüngere Pferde? ☐

Warum?_____

Kennen Sie das Gefühl der Angst beim Reiten?

allgemein ☐   beim Springen ☐   im Gelände ☐

Was macht Sie unsicher auf dem Pferd?

(Reihenfolge angeben)

Bocken ☐

Scheuen ☐

Steigen ☐

Kopfschlagen ☐

Reiten Sie in einer Reitschule? ☐

in einem anerkannten Reitbetrieb ☐

in einer Fachschule ☐

in einem Reitverein ☐

ohne Anleitung ☐

Sind Sie Mitglied eines Reitervereins? ☐

Sind Sie gegen Sportunfälle versichert?

Privat ☐   (Verein) ☐

Sind Sie Privatpferdebesitzer? ☐

Reiten Sie gelegentlich Privatpferde? ☐

Reiten Sie nur Schulpferde? ☐

Welche Ziele haben Sie sich gesetzt?

Freizeitreiter ☐   Pferdebesitzer ☐   Turnierreiter ☐

Berufsreiter ☐

Wie oft reiten Sie?   wöchentlich ☐   täglich ☐

Was halten Sie von Fachliteratur?_____

_____

Welche Fachbücher kennen Sie?_____

_____

Haben Sie Grundkenntnisse über:

reiterliches Verhalten im Straßenverkehr? ☐

im Gelände? ☐

in Fragen des Tierschutzes? ☐

Kennen Sie die reiterlichen Fachausdrücke und deren

Bedeutung? ☐

Welche Kennzeichen müßte Ihr Idealpferd besitzen?

Äußere Merkmale:

Farbe ☐   Größe ☐   Rasse ☐   Typ ☐

Innere Merkmale:

Temperament ☐   Charakter ☐

Besuchten Sie schon einmal eine Fachschule zur weiteren

Ausbildung?_____

Welche Förderlehrgänge besuchten Sie?_____

_____

Kennen Sie die Dachorganisation des Deutschen Reitsports? ☐

Welcher deutsche oder ausländische Turnierreiter ist für Sie

ein Vorbild?

Dressurreiter ☐

Springreiter ☐

Militaryreiter ☐

Mehr vom Reitsport ...

blv sport

Perfekter Reiten —
Dressur, Springen, Military

Albert Brandl

Immer mehr Reiter haben Interesse am Turniersport. Für sie ist dieses Reitlehrbuch eine große Hilfe. Es bringt die Ausbildung von Reiter und Pferd bis zur Dressur-, Spring- und Military-Prüfung.

2., durchgesehene Auflage, 119 Seiten, 39 s/w-Fotos, 50 Bildserien, 33 Zeichnungen

blv sportpraxis

richtig reiten

Selma Brandl

Eine Reitlehre für Anfänger und Ausbilder. Sagt alles über Verhaltensweisen des Pferdes, Umgang mit Pferden, Pflege, Fütterung, Stallhaltung.

128 Seiten, 54 Farbfotos, 33 s/w-Fotos, 62 Zeichnungen

blv sportpraxis

jugendreiterabzeichen

Praxis und Wissen für die Prüfung

Heinz Pollay

In diesem Buch — mit Theorie- und Praxisteil — findet der junge Reiter alles, was ihm die Prüfung abverlangen wird.

128 Seiten, 45 Farbfotos, 12 s/w-Fotos, 77 Zeichnungen

Besser Springreiten

Bill Froud

In klarer und verständlicher Form werden in diesem Buch Technik und Training von Pferd und Reiter vom Beginn der Springausbildung bis zum Turnier beschrieben.

103 Seiten, 91 s/w-Fotos, 23 Zeichnungen

Pferdeausbildung

Von der Weide zum Turnier

Elwyn Hartley Edwards

Ein Buch über Grundkenntnisse, Pferdekauf, Ausrüstung, Ausbildungsprogramm, Trainingsprogramm.

2., durchgesehene Auflage, 238 Seiten, 56 s/w-Fotos, 4 Bildserien, 60 Zeichnungen

Haltung des Reit- und Zuchtpferdes

Erfahrungen aus der Praxis

Erika Schiele

Auskunft über Unterbringung, Ernährung, Weide, Pflege und Schutz vor Erkrankungen, Versicherungen ebenso wie über Zucht und Aufzucht bis zur Fohlenerziehung und Hengsthaltung.

3., neubearbeitete und erweiterte Auflage, 222 Seiten, 85 Zeichnungen

Pferdekrankheiten

erkennen und behandeln

E. C. Straiton

Diese »Sprechstunde eines Tierarztes« gibt klare Auskunft auf alle Fragen, die im Zusammenhang mit Pferdekrankheiten auftreten können.

4. Auflage, 175 Seiten, 302 Fotos, 22 Zeichnungen

BLV Verlagsgesellschaft München

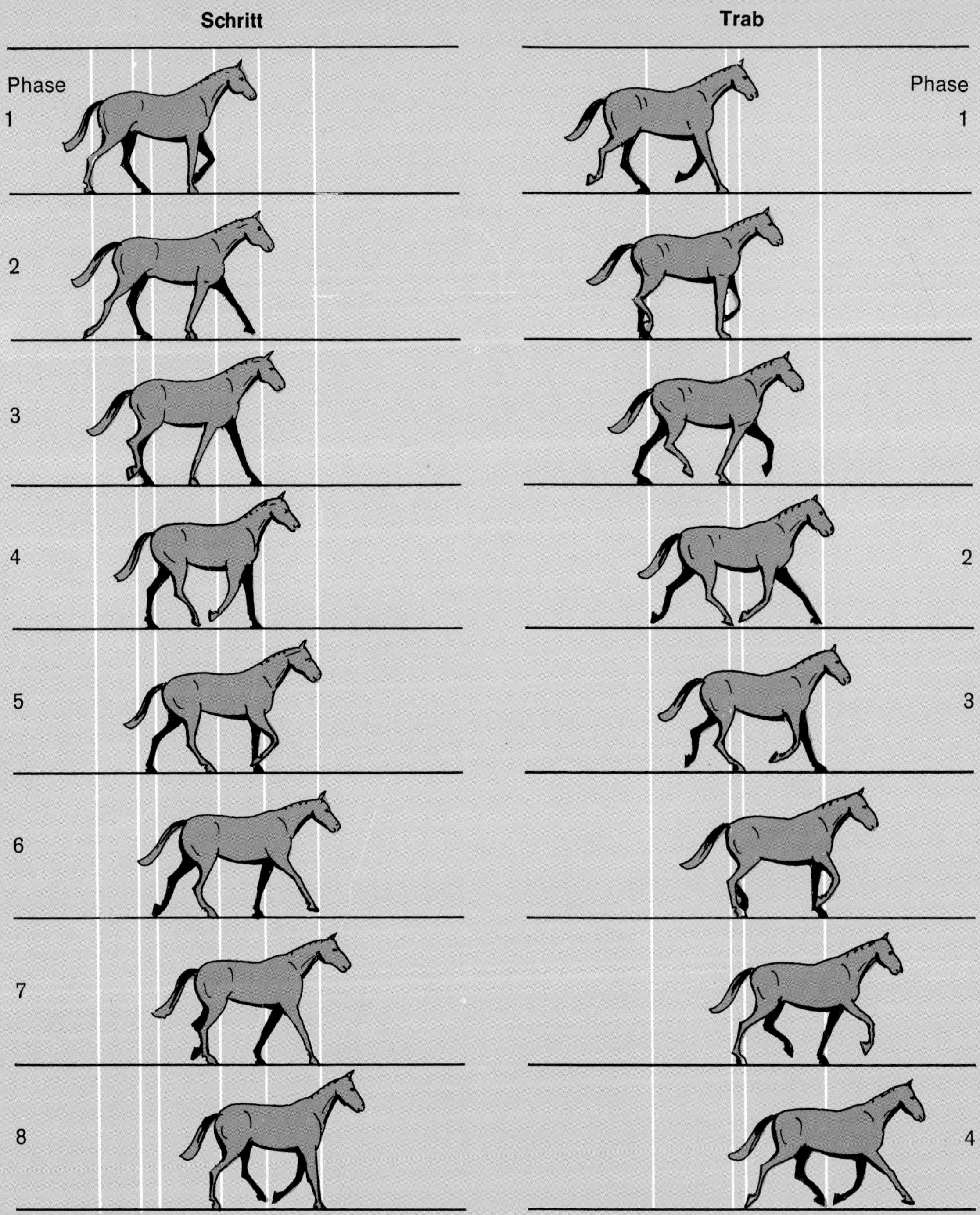

Schritt

Trab

Phase 1

Phase 2

Phase 3

Phase 4

Phase 5

Phase 6

Phase 7

Phase 8

Phase 1

Phase 2

Phase 3

Phase 4